EDITORA AFILIADA

Dados Internacionais de Catalogação na Publicação (CIP)
(Câmara Brasileira do Livro, SP, Brasil)

Temas em terapia familiar / Tai Castilho (organizadora). – 2. ed.
– São Paulo : Summus, 2001.

Vários autores.
Bibliografia
ISBN 85-323-763-9

1. Psicoterapia de família I. Castilho, Tai.

01-3798

CDD-616.89156
NLM-WM 420

Índice para catálogo sistemático:

1. Terapia familiar : Ciências médicas 616.89156

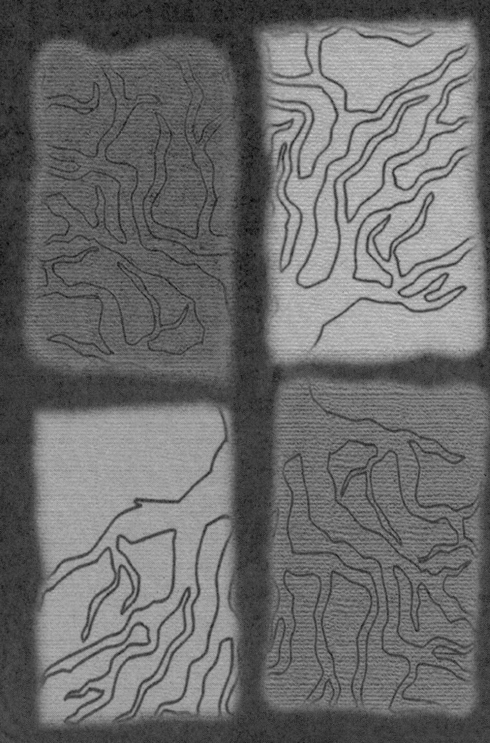

Tai Castilho
organizadora

emas em Terapia Familiar

Carmine Saccu A Complexidade

Gilda Franco Montoro O Apego

Moisés Groisman
Monica de Vicq Lobo O Autismo

Tai Castilho A Droga

Sandra Fedullo O Divórcio

summus editorial

TEMAS EM TERAPIA FAMILIAR
Copyright © 1994, 2001 by Tai Castilho (org.)

Capa:
Ana Lima

Proibida a reprodução total ou parcial
deste livro, por qualquer meio e sistema,
sem o prévio consentimento da Editora.

Direitos desta edição
reservados por
SUMMUS EDITORIAL LTDA.
Rua Itapicuru, 613 – cj. 72
05006-000 – São Paulo, SP
Tel.: (11) 3872-3322 – Fax: (11) 3872-7476
http://www.summus.com.br
e-mail: summus@summus.com.br

Impresso no Brasil

ÍNDICE

APRESENTAÇÃO

Foi com imenso prazer que organizei esta coletânea e sinto-me feliz em apresentá-la. Há muito eu já tinha o desejo de publicar textos de autores brasileiros, estimulando meus colegas — e a mim — a escreverem suas preciosas idéias para que elas não se perdessem.

Há uma carência muito grande de ensaios de terapia familiar escritos por autores brasileiros. Uma parte privilegiada de profissionais de nossa área tem acesso a cursos e livros estrangeiros, tão importantes para nossa formação. Mas são poucos; a maioria vai procurar em nossas livrarias livros traduzidos ou uma produção literária e científica que reflita nossas experiências.

A possibilidade de iniciarmos uma conversação sobre terapia familiar e assuntos tão complexos como os apresentados neste livro certamente abrirá espaço para que outros organizem novas coletâneas, e assim, num futuro próximo, passaremos também a nos alimentar daquilo que temos competência para produzir.

A prática de terapia familiar no Brasil já data de pelo menos vinte e cinco anos, mas foi só a partir da última década que a discussão se intensificou e se fertilizou, o que nos permite dizer que hoje nossa reflexão não deixa nada a desejar para a de outros países, daí a importância de escrevermos divulgando nosso trabalho. Nos anos oitenta, grupos se organizaram e passaram a estudar regularmente a terapia familiar, e a partir daí nasceram as escolas de formação, seja nas universidades ou fora delas.

A experiência com o trabalho clínico e de formação suscitou novas idéias, e foi a partir de conversações em grupos, equipes e com alunos que as mesmas se organizaram e cresceram. Acredito que a publicação desta obra poderá conduzir a novas discussões, nascendo assim outras idéias, num processo recursivo rico e característico da circularidade nas relações humanas.

Maturana já dizia que são nessas conversações que fazemos ciência, embora muitas vezes nosso saber não seja oficializado e reconhecido.

Quando a Plexus Editora, por intermédio de Sylvia Machado, me convidou para a edição deste livro, não hesitei em aceitar. Ainda não tinha noção do quanto era difícil a tarefa para a qual me incumbira. Imediatamente passei a telefonar para colegas e pedir os artigos. Creio que foi só no momento em que Moisés me entregou o seu artigo que me dei conta de que o livro de fato era uma realidade.

A partir daí foi um fervilhar ininterrupto de idéias e angústias, e parecia que o livro se tornava cada vez mais distante, dada a complexidade de uma tarefa que até então desconhecia e que envolvia tanta gente.

Eis-me aqui mais uma vez enfrentando minha dificuldade de escrever, para introduzir a vocês os artigos que constam deste livro.

O título *Temas em Terapia Familiar* me pareceu o mais adequado para um livro que abre um espaço para a diversidade de temas que o campo da terapia familiar contém.

Carmine Saccu, amigo e supervisor, introduz o tema da complexidade no primeiro artigo da coletânea numa aula brilhante ministrada, em janeiro do ano de 94, no Instituto de Terapia Familiar de São Paulo. É impressionante como pouco a pouco foi tecendo um contexto em que houve a possibilidade de trabalhar a epistemologia dos alunos, deixando claro que trabalhar no paradigma da complexidade é uma escolha, uma escolha epistemológica. Na segunda parte da aula, trabalha com maestria com a família de origem de uma aluna, trazendo a importância da relação entre irmãos, tema ainda pouco abordado no Brasil e tão fértil na Europa, dado o número cada vez maior de famílias com filho único.

Gilda Montoro nos presenteia com um artigo onde o apego é o tema central. Nos anos setenta, a Teoria do Apego trouxe à baila o tema da interação, a partir dos estudos da interação mãe-filho. Neste artigo, o tema é tratado de maneira clara e didática, percorrendo com Bowlby os caminhos do desenvolvimento a partir de padrões de comportamento da criança e seus pais, principalmente da criança e da mãe, padrões esses que podemos verificar em qualquer idade e que podem indicar possíveis desvios. Passo a passo a autora vai seguindo o caminho do desenvolvimento do apego na criança, levando em conta a própria criança, as condições de apego dos pais e do sistema familiar. A autora fala de sua ampla experiência clínica, onde, sempre enfocando os caminhos do apego na relação pais-bebês, trabalha os aspectos relacionais de toda a família através de uma visão relacional-sistêmica, acreditando que uma experiência emocional corretora, processada ao longo da relação com o terapeuta dentro de uma comunicação aberta, possa ser extremamente proveitosa para os conflitos familiares e/ou conjugais.

Moisés Groisman e Monica de Vicq Lobo nos fazem mergulhar na prática clínica ao nos mostrar, de forma concisa e clara, um belíssimo trabalho de equipe. Trazem a idéia do ciclo vital da família que engloba as transformações de seus membros no decorrer de toda a vida e trazem também a idéia de crise como parte integrante da travessia do crescimento. Ilustram o artigo apresentando o caso de Frederico, cujo sintoma, o autismo, é tratado como uma metáfora da indiferenciação da família.

Sandra Fedullo aborda em seu artigo, com a sensibilidade que lhe é peculiar, um assunto tão presente na clínica e na família contemporânea: os filhos do divórcio. Parte da idéia de ressonância, tema vivido e desenvolvido nas supervisões com Mony Elkaïm, nos revela seu trabalho em dois níveis: o da experiência e o da ressonância que essa experiência desperta no terapeuta ao estar com uma família. Aborda também a diferença entre divórcio conjugal e divórcio parental, e nos apresenta dois casos clínicos onde passo a passo estes pontos foram trabalhados por meio de jogos e dramatizações. No segundo caso, analisa as ressonâncias do caso clínico e da equipe terapêutica.

Finalmente, apresento meu artigo sobre a terapia familiar e a drogadição, onde tento, a partir da minha experiência pessoal, teórica e clínica, analisar as dificuldades do terapeuta em encontrar o seu lugar em famílias com paciente que se droga, principalmente naquelas onde o poder é o centro de uma batalha acirrada dentro da família. Este poder é representado pelo sintoma drogar-se, cuja força paralisadora envolve toda a família, e esta, por sua vez, projeta no terapeuta suas dificuldades e responsabilidades.

CONVERSANDO COM CARMINE SACCU SOBRE A COMPLEXIDADE

Carmine Saccu

Introdução

Nasci na Sardenha* e lá vivi até os dezoito anos. Quando contava seis ou sete anos, eu e meus amigos não tínhamos jogos para brincar. Só podíamos brincar com aqueles que inventávamos. Brincávamos na rua: juntávamos meias e com elas fazíamos bolas. Com duas espigas de milho e um pedaço de madeira, fazíamos um gol. Quando a guerra terminou, chegaram pacotes dos Estados Unidos, enviados por parentes de pessoas do lugar. Dentro dos pacotes encontramos coisas jamais vistas, como bola de borracha, o que na nossa cabeça não existia. E quando nos deparamos com essa bola de borracha que saltava, pulava, ficamos contentíssimos. Jogávamos com outros garotos do bairro, não precisávamos mais inventar.

Hoje as coisas estão tão fáceis para as crianças, os presentes

---

* Palestra de Carmine Saccu para os alunos do Instituto de Terapia Familiar de São Paulo, em janeiro de 1994.
Carmine Saccu é diretor de Escola Romana de Terapia Familiar, psicanalista e neuropsiquiatra infantil. Participou, com Maurício Andolfi, durante muitos anos, do Instituto de Terapia Familiar de Roma, que desmembrou-se, e fundou a Escola Romana de Terapia Familiar.
O material desta palestra foi organizado por Adriana Pires e Tai Castilho, do Instituto de Terapia Familiar de São Paulo.

vêm aos montes, cada um diferente do outro e com muita constância, tudo com tal facilidade que eles não precisam inventar nada. Tudo já foi inventado. As coisas já estão prontas. Eles não precisam nem falar, nós já colocamos as palavras na sua boca.

Creio que se faz necessária uma reflexão sobre este assunto. Quando não existe, algo se inventa. E quando você inventa, este algo é seu. As coisas que te dão, e são muitas, se tira. O que se faz por aqui, vocês inventam?

(Aluno) Quando se tem jogo, se joga. Quando não se tem, se inventa.

(Carmine) Ah, então as pessoas aqui utilizam a mente. Lembram-se de uma história sobre o hemisfério direito e o hemisfério esquerdo? Creio que tanto para vocês como para mim o homem é um ser complexo, nada simples. E quando alguma coisa é complexa, possui muitos níveis.

Quando um terapeuta quer conhecer uma situação complexa, ele também tem de conhecer sua complexidade. E como se conhece a complexidade de si mesmo?

Nós, e Maturana, pensamos que os modelos são domínios sobre os quais concordamos para ler e compartilhar uma realidade com pontos comuns e coerentes. Porém, isto nos traz uma consideração importante. Vocês são como o menino da história, que começou conhecendo a bola de borracha e não pôde inventar outra. Isto é, vocês chegam à história da terapia familiar em um momento em que ela pode utilizar modelos já feitos. É muito difícil se pensar em um terapeuta neutro. Por quê? Porque vocês chegam em um momento que Von Foerester, Maturana e outros já dizem: "Vejam, já existe a segunda cibernética".

Então vocês estudam pensando na idéia de um observador que está dentro do sistema terapêutico. Antigamente, isso não era assim na Itália. Houve uma briga grande, pois a Escola de Milão estava muito conectada à Escola de Palo Alto, que possuía uma organização mental onde o sistema era pensado e conceituado como um sistema aberto e o observador era um observador neutro que lia o que se passava no sistema, buscava o ponto básico e dava uma prescrição para ver se o sistema alcançava determinada forma, estrutura.

Nós, lá em Roma, pensávamos que o observador estava incluído no sistema terapêutico e tivemos de esperar muito tempo antes de aparecer uma conceitualização sistêmica e cibernética que pusesse o nível do observador incluído na relação. Isto ocorreu não faz muito tempo. Vocês não têm esse problema, uma vez que começam a aprender rapidamente que o terapeuta está incluído no sistema terapêutico e o observador incluído no sistema de observação. E que não se pode pensar em observador fora do sistema. Bem, se temos este modelo complexo em comum, temos de trabalhar com ele, em muitos níveis. E que outros instrumentos precisamos para compreender nosso trabalho?

Acho que é suficiente pensarmos quantos truques utilizamos conosco mesmos. E se pudermos pensar na possibilidade que temos de reconhecer nossos truques, podemos também perceber quantos truques os outros utilizam com si mesmos, e este é o nosso trabalho. Há diferentes formas para encontrar nossa complexidade. E uma dessas formas é colocar modelos em nossas cabeças. Quando colocamos modelos complexos, temos de ser complexos, caso contrário não nos aproximamos desses modelos.

Quando pensamos que existe o hemisfério direito, o esquerdo, o estômago, que é a área instintual, pensamos que isso é uma epistemologia. Por exemplo, nos modelos estímulo-resposta não necessitamos de emoção, é instinto, pode-se organizar uma forma de pensar que reúne muitas pessoas que não necessitam falar de emoções para explicar as coisas do mundo.

Uma forma de ser complexo é pensar que tudo que vejo é um fenômeno. E não tenho outra forma na cabeça a não ser dizer que os fenômenos são verdade, a realidade. Mas se vejo um fenômeno, e penso que o fenômeno é um epifenômeno, ou seja, que é uma aparência, tenho de pensar que atrás dele há uma outra realidade. E se este é meu pensamento, vou me complexizando, porque tudo que vejo não posso ver como é, só como aparece. Então tudo o que vejo, vejo em dois níveis. Portanto, necessito de um modelo, de uma teoria que me permita pensar de forma mais complexa.

É como se minha cabeça fosse cúbica, pois tem muitos níveis de profundidade, possui três dimensões; toda vez que ela vê algo, tem de pensar em muitos níveis, assume uma idéia na qual atrás de um fenômeno há um epifenômeno.

Freud foi muito importante. Por quê? Porque no momento que começou a pensar em um fenômeno, pensou-o como um epifenômeno, foi buscar o fenômeno em outro nível.

Dessa forma, nunca descansamos. Toda vez que se vê uma coisa, tem de se pensar que há outra, como se fôssemos todos paranóicos. Mas deixamos de ser paranóicos quando constatamos que nosso pensamento é circular, sistêmico.

Existem pessoas que pensaram da mesma forma. Saussure, por exemplo, fez o mesmo quando pensou a linguagem. Levi-Strauss também: vejo o povo, as pessoas, mas penso que existem regras abaixo delas que organizam sua forma de estar social, seu casamento etc. E também existe Von Bertalanffy, que pensou no sistema, onde abaixo do que se vê há uma estrutura.

No estruturalismo, estamos sempre buscando algo que não se vê, e temos então de imaginar este algo através do comportamento. Do comportamento redundante vai-se tirando regras.

Até agora vimos com que estrutura trabalhamos; com uma idéia circular que permite juntar as coisas de forma que tudo tenha um sentido relacional. Temos também dentro de nós a idéia de que trabalhamos com três gerações. Podemos então dizer que trabalhamos em três níveis. E trabalhar com três gerações é mais complexo.

A todo momento falamos de como somos feitos, o que temos e o que utilizamos de nós. Se eu utilizo só a cabeça, não necessito quebrá-la com muitos modelos. Mas se sou masoquista e quero quebrar minha cabeça, me utilizo em outros níveis, e portanto sou mais complexo. E daí necessito de uma teoria e de um modelo mais complexos. Se sou assim, quando olho para alguém também não posso olhá-lo como se fosse plano, tenho de vê-lo com toda essa complexidade. E quando me junto a outros para discutir, procuro saber se eles têm a mesma mirada que eu. E assim se organizam as escolas.

Então vemos os outros e nos vemos em vários níveis: o nível da emoção é o que geralmente utilizamos para dizer, chegando ao coração, as coisas do amor; e ao fígado, as coisas da raiva. Hipócrates dizia que temperamento bilioso, da bílis, saía como raiva, e quando algo saía do coração, saía como amor. Dizemos que "me dói o coração", pois por ele passa a dor, o sofrimento.

Os sentimentos e as emoções têm cores. Por isso posso perguntar: Qual é a cor da felicidade? Negra? Não? Por que não? Porque o negro combina mais com dor, com sofrimento. O rosa e o azul se parecem mais com felicidade. Mas eu pergunto, e se me dizem que a felicidade é negra, eu ponho negro.

Então posso dizer que o nível da emoção é azul, rosa, laranja etc. O nível da cabeça não tem cores. Mas, se algo me toca, esse algo passa a ter cor: uma cor amarela quando sai de mim sai pintado de amarelo. Esta é a construção de uma idéia, de uma teoria, de um modelo, sobre a relação que temos com a realidade. E da formação de um modelo. Quando falamos em modelos, temos de pensar em complexidade ou não complexidade. O que estamos dizendo é complexo, pois quando algo sai de nossa cabeça alguma cor já interferiu no nível emocional. Isto é complexo.

Tem gente que gosta de trabalhar simples, ou seja, pensando só no racional. E outros gostam de trabalhar complexo.

(Aluna) Mas o senhor pensa que é possível trabalhar só no racional?

(Carmine) Sim, tudo é possível. Há pessoas que organizam a realidade de forma mais simples. Se você é primitivo e pensa que tudo o que se passa no mundo é porque Deus o fez, você pode viver de modo simples, como fizeram os antigos, pensando que a terra estava parada no centro e os outros planetas ao seu redor. Porém fica muito difícil fazer o percurso dos astronautas seguindo este modelo. Nele, o máximo que se pode

fazer é sair de barco. Mas, se quisermos sair com os astronautas, temos de pensar em um modelo mais complexo. Na verdade, precisamos nos conhecer para saber qual modelo possuímos e se podemos ler as coisas da família relacionadas com nossa história, de forma que todos os níveis estejam incluídos.

E este é o meu assunto. Quando falo em alguém que organiza a realidade, penso em alguém organizando-a com sua experiência. Maturana disse: vejam-se! Eu, quando penso, a primeira coisa que faço é buscar alguma coisa aqui (indicando o abdome), no nível da emoção. E a emoção é *a priori*. Então, para que me serve a cabeça? Para organizar alguma coisa coerente com essa premissa. Portanto, todas as construções que fazemos é porque colocamos antes um *a priori* emocional. E a cabeça então fica coerente com a premissa. Esta é uma forma diferente de pensar em construção de modelos.

Bem, se temos este modelo em comum, este modelo complexo, temos de trabalhar com ele em muitos níveis. Que outro instrumento utilizamos para compreender nosso trabalho?

Os truques! Dizemos que fazemos truques com os outros, e porque somos complexos, fazemos truque conosco. Um malabarista que joga com cinco ou seis garrafas o faz porque é uma pessoa complexa, que pode ao mesmo tempo fazer muitas coisas. Nós, quando trabalhamos com truques, fazemos nosso trabalho de muitas e muitas formas. E assim organizamos nossa relação com nós mesmos e com os outros, vendo ou deixando ver apenas o que queremos. Se há algo que não quero que se veja, ou não quero ver, trabalho com a linguagem, ou com o comportamento, com as ações de forma tal que isso nunca seja visto. Eu chamo isto de truque. E vocês?

(Aluna) Mecanismo de defesa.

(Carmine) Se vocês chamam de mecanismo de defesa, temos de pensar em Freud. E, se pensamos nele, pensamos também que as pessoas se organizam em uma série de níveis, de modo que, se uma coisa não tem de ser tocada, não se toca.

Dividimos a cabeça em dois níveis (cabeça, visão). Um consciente e o outro inconsciente. Assim, podemos ver o mecanismo pelo qual trabalhamos o consciente para não mostrar outros mecanismos, outros truques, que são inconscientes. Se vamos buscar um modelo onde isso possa sair como uma invenção, algo novo, uma história nova, esse novo pode ser chamado de contos, narrações.

Se um pião colorido está rodopiando, só vejo branco. Porém, se coloco uns óculos para ver melhor, e nesses óculos a complexidade está incluída, vejo que o branco é a soma de todas as cores, e que cada vez que eu quiser ver uma cor tenho de parar de rodar o pião e o branco se vai, aparecendo o vermelho, verde, amarelo e azul. Não é lindo?

Nós, no nosso trabalho, fazemos isso conosco mesmos e os outros também o fazem. Temos uma atitude de aglutinar, de fusionar, de pôr todos juntos. Temos de assumir que se há o branco, no interior desse branco estão mesclados muitos níveis. E aí temos uma teoria segundo a qual se o branco é complexo, posso reconhecer que a trilha é complexa. Muitas vezes o que me toca é o preto, mas se tenho medo da morte, prefiro ficar com a cor vermelha. Muitos dizem que o vermelho é a cor da agressividade. E no meu rosto não ponho nunca preto.

Então, quando falamos de cores, estamos falando da emoção, dos instintos. Estamos organizando uma teoria que não tem só pensamentos, mas emoções e instintos. Freud começou a contar essa história.

Posso pensar num rosto que tem de estar sempre lindo, nunca põe preto, está sempre muito bem, um rosto que nunca tem medo da morte. Por quê? Porque a cor da morte o outro levou, num pacto onde há uma troca implícita: se alguém fica com o preto da morte, o parceiro pode ficar com o vermelho da agressividade, e assim os dois podem ficar juntos. É um pacto no qual um garante nunca ter medo da agressividade e o outro não ter medo da morte. Os ingleses chamam isso de colusão. A colusão é uma forma complexa de ver nosso trabalho. Quando trabalhamos com aparência, não podemos trabalhar sem este conceito. E se o utilizamos, temos de ser muito complexos. Senão, sempre que encontramos o preto do outro precisamos fazê-lo desaparecer.

Se temos uma teoria segundo a qual nunca estamos neutros,

temos de pensar que toda vez que nos deparamos com um pacto colusivo não há mudança. E muitas vezes pensamos que estamos trabalhando, e o trabalho é só um truque que utilizamos para não entrar no interior das emoções.

Este é um modelo complexo, e de acordo com ele não há terapia breve. Se pensarmos com Watzslawky, na teoria sistêmica toda patologia sai de uma comunicação que não vai bem. Então, de acordo com ele, há terapia breve, o que muitas vezes é mais econômico. Será que estamos todos seguros de que queremos ser complexos?

(Aluna) Eu pessoalmente não tenho pressa.

(Carmine) É porque você é jovem...

(Aluna) Não, não é só por isso. Acho que já entrei na complexidade. Não tive conflito. Só um pouco na faculdade, mas depois que entrei na terapia familiar, já entrei para complexizar tudo... E agora?

(Carmine) Agora tem de trabalhar muito.

(Aluno) Quando você estava perguntando, pensei que desde a faculdade a gente vai começando a aumentar a complexidade, como se conhecimento fosse como dinheiro, que você ganha e fica guardando, e cada vez conhecendo mais, te dando possibilidade de ser melhor dentro do que está fazendo. E enquanto você estava falando eu estava pensando que em muitos momentos, principalmente ultimamente, fico pensando que as dificuldades com as famílias, com pacientes individuais te levam a ter vontade de voltar a uma situação anterior de não complexidade, a qual se pode manejar, onde é possível fazer coisas e tudo bem. Fico pensando que neste caso é a produtividade que determina se sou mais ou menos complexo, pois quanto mais posso fazer, melhor, não é? Eu posso complexizar muito e não conseguir chegar a nada, não ser produtivo, então preciso retornar à simplicidade...

(Carmine) Sim. Há também um truque de complexizar para não fazer nada. Há um filme feito na Sicília, *O Leopardo,* de Visconti. É sobre um homem que teve de mudar muitas coisas para não mudar nada. Então, este é outro sistema complexizar para não mudar. Este é um truque que você pode utilizar. O

obsessivo faz isso muito bem, ele sempre se concentra na forma, nunca toma uma decisão. E o faz de uma forma tão complexa que pode chegar a uma obsessividade.

(Aluno) Meu pensamento é que a gente pode ficar paranóico, procurando alguma coisa por detrás de algo que, na realidade, está na cara.

(Carmine) São truques. O ponto é que podemos utilizar esses truques com os outros, e conosco também. Modelos muito complexos para não mudar nada. Modelos complexos, onde deixamos de ver o que não conhecemos de nós. E isso também é simples, e simples é uma formação diferente.

Eu estou interessado na história de cada um. Se fizer uma formação com vocês, vou me interessar pela história de cada um. Constrói-se sempre uma história. Estamos sempre no aqui e agora, e no aqui e agora se constrói uma história. Cada um trabalha com o que quer. Mas como utilizar o aqui e agora, que é uma estrutura plana, e trabalhar com uma estrutura complexa? Como vocês trabalham?

(Alunos) Complexo.

(Carmine) Muito bem. Vocês têm irmãos? Maiores ou menores?

(Aluno) Menor.

(Carmine) Portanto, você é maior, ele te vê como maior, você o vê como menor. Estamos falando de irmãos, mas ter irmão não significa que se viva como irmãos. Pode ser que só se viva como filhos. Quem sabe explicar a diferença?

(Aluna) Os filhos são muito parecidos, são iguais. Os irmãos são diferentes, cada um tem um jeito, cada um é um. Estabelece-se uma relação em que cada um é definido como tal, o maior, o menor, o mais chato, o mais tranqüilo, se são próximos, distantes, brigam muito, não brigam. Os irmãos são mais definidos do que os filhos.

(Carmine) Você está dizendo que a palavra "irmãos" tem uma complexidade maior ou menor ou de níveis diferentes?

(Aluna) Tem cores diferentes. Seu filho mexe de um jeito, irmão mexe de outro. Estamos sempre tentando ver e organizar a realidade de forma triangular.

(Carmine) Eu te disse: Você tem irmãos? E você respondeu: Em que nível você está fazendo esta pergunta?

(Aluna) Talvez com essa pergunta você queira saber um pouquinho de cada um, um pouquinho das relações familiares de cada um...

(Carmine) Mas eu estava querendo uma resposta simples: Sim, tenho um irmão, maior ou menor. Mas você usou um truque, um malabarismo. Teve tempo para fazê-lo, assim você tem tempo para responder. Perguntar a alguém se ele é irmão ou filho é diferente. Porque, se pergunto como irmão, tenho de fazer um tipo de organização na cabeça; se pergunto como filho, tenho de pôr os pais na cabeça. Se o irmão é pequeno, o tipo de malabarismo que se faz é um, se ponho os pais, o malabarismo é outro. Precisamos ter cuidado... Falamos somente dos irmãos ou... De que ano você é?

(Aluna) Do terceiro.

(Carmine) E você?

(Aluno) Do quarto.

(Aluna) Ele já se complexizou mais do que eu.

(Carmine) Mas não sei se poderia falar do irmão diante de alunos do primeiro ano. Então surgem aqui outros níveis, a hierarquia. Minuchin organiza tudo com uma idéia de hierarquia no sistema.

ANÁLISE DA FAMÍLIA DA ALUNA:

(Carmine) Está mais interessada no irmão dele ou no seu irmão?

(Aluna) No meu.

(Carmine) Você tem irmão?

(Aluna) Sim.

(Carmine) Você tem um irmão?

(Aluna) Três.

(Carmine) Maiores, menores?

(Aluna) Menores, mais novos, mas maiores.

(Carmine) Você é...

(Aluna) Eu sou a mais velha, mas a mais baixa.

(Carmine) Estávamos trabalhando sobre a diferença que tem ser irmão ou ser filho. Então para fazer isso falamos que temos de ter uma conceitualização diferente. Se construímos um triângulo, o triângulo dos irmãos como irmãos é diferente do triângulo como filhos em relação aos pais. Lembrem-se de que no livro de Maturana, *A Árvore do Conhecimento*, há um momento em que fala de Caim e Abel. Por que Caim matou Abel? Sabe por quê? Caim amava Deus e Deus olhava Caim e dizia: "Tão feio, você é uma coisa feia". E tornava-o mais violento. Porque Abel olhava para Deus e dizia: "Veja estas ovelhas". E Deus dizia: "Eu gosto muito".

Onde está a complexidade? E a perfeição? Está no momento em que Deus fala para Caim: "Você me dá coisas feias e Abel me dá as coisas lindas". É uma maneira de pôr em relação os irmãos como filhos e não como irmãos diante de Deus. Você é bom porque ele é mau. Este é o pensamento de Maturana que está em seu livro há doze ou catorze anos. Tem um pensamento relacional, pelo qual o que sai do estômago de Caim não é a raiva de Abel, mas sua raiva pela definição que Deus deu de Abel frente a ele. O jeito de sair a raiva é matar. Assim, ser filho é diferente de ser irmão, porque quando os filhos são sempre filhos, não podem ser irmãos. Então o trabalho que temos de fazer é transformar os filhos em irmãos.

Se é assim que nós trabalhamos, basta que os filhos se tornem irmãos, para que os pais se tornem um casal... Pode me contar alguma história na qual você e seus irmãos foram irmãos. Você é a primeira, e quando veio o segundo, você tinha quantos anos?

(Aluna) Um ano.

(Carmine) Quer dizer que durante um ano você teve todo o tempo de ser o quê?

(Aluna) De ser filha única.

(Carmine) Mas somente por três meses, porque... (gesto de gravidez)

(Aluna) É.

(Carmine) Como é a história do mito de sua família? Os

contos que passam de uma geração a outra? O que falam seus pais sobre isso? Não te contaram?

(Aluna) O que eles me diziam eu não sei falar.

(Carmine) Eles nunca falavam desse tempo, do seu primeiro ano?

(Aluna) Sim, mas não sob esse ponto de vista. Mas fico imaginando, né?

(Carmine) Então vamos imaginar. Um ano são doze meses. Você mamava?

(Aluna) Até os seis meses.

(Carmine) Seis meses, depois parou. Então o que aconteceu quando nasceu sua irmã?

(Aluna) Irmão.

(Carmine) Irmão.

(Aluna) O que se passou...

(Carmine) Um irmão. Irmão tem pinto.

(Aluna) Eu joguei ele pela escada.

(Carmine) Alguns pais querem primeiro um filho e depois uma filha, mas isso se passava antigamente, agora é diferente.

(Aluna) Não (no sentido de que ainda acontece.)

(Carmine) E depois teve três irmãos. Você era tão bonita quando pequena, que todos ficavam ao seu redor? Como se você fosse linda, uma princesa? Não tem fotos desse tempo?

(Aluna) Tenho.

(Carmine) Então, o que se passou nesse ano.

(Aluna) Gozado, eu tenho mais fotos, de depois que meu irmão nasceu. É verdade, de quando eu era bebezinha, tem menos fotos. Quando eu tinha menos de um ano eu era gorda.

(Carmine) Você era... Gostava... (gesto indicando comer)

(Aluna) Minha mãe me alimentava bem.

(Carmine) E existe uma cultura de que quando alguém está gordo, está com...

(Aluna) Saúde.

(Carmine) Ficou gorda também depois que o segundo filho nasceu?

(Aluna) Ele ficou mais gordo.

(Carmine) É difícil lembrar-se deste tempo. Só se o pai ou

a mãe tiverem alguma lembrança particular. Você não perdeu o lugar na casa, ou no quarto?

(Aluna) Não sei, acho que eu não dormia no quarto com eles.

(Carmine) Não há algum episódio relacionado ao complexo de Édipo?

(Aluna) Acho que não, não sei. Há uma história de quando eu era pequenininha e meu pai trabalhava em outra cidade. Eu ficava só com minha mãe. Nós ficávamos na casa da minha avó e do meu avô, em um quarto. Meu pai viajava muito, eu fiquei mais com minha mãe. Depois que meu irmão nasceu, a gente mudou de cidade e aí é que fomos ficar todos juntos mesmo, assim, a família morando junto.

(Carmine) Como família nuclear. Antes, falamos que quando somos pequenos há três gerações na cabeça. Ela está falando que viveu um tempo com o avô e com a avó e a mãe. Você vivia e dormia com mamãe?

(Aluna) Sim.

(Carmine) Oh, uma lembrança. E a nova situação nuclear aconteceu depois de quanto tempo que nasceu o seu irmão?

(Aluna) Como eu tinha mais ou menos um ano e meio, quando eu morava em Garopaba... ele devia ter oito, não, seis meses.

(Carmine) Seu irmão nasceu na casa da avó?

(Aluna) Não sei.

(Carmine) Quando diz não sei, quer dizer que não se lembra ou que pode ser uma época na qual haja algo que não queira se lembrar. E depois há lembranças do mito da sua família. Como se chama o pequeno?

(Aluna) Cristiano.

(Carmine) Cristiano te tirou da cama da mãe e te colocou na cama da avó. O primeiro filho para os avós e o segundo para os pais. Mas você não tem lembrança? Tem carinho pelos avós?

(Aluna) Tenho, muito!

(Carmine) Por que muito?

(Aluna) Não sei, talvez ela, acho... ela é muito carinhosa.

(Carmine) Sua avó.

(Aluna) Mas eu nunca tinha pensado assim, de talvez ser filha da vovó, porque como eu sempre morei muito longe, acho que também fica mais disfarçado, escondido. Eles moram em Belo Horizonte. E desde que tinha quatro anos estou aqui. Mas eu tinha uma preferência por Belo Horizonte, até a adolescência eu gostava mais de estar lá do que aqui.

(Carmine) Ah!

(Aluna) Vou ligando as coisas, né?

(Carmine) Então você preferia...

(Aluna) A casa da minha avó.

(Carmine) Você ficava sozinha ou com o irmão?

(Aluna) Não, ele atrapalhava, eu preferia estar sozinha.

(Carmine) Você se lembra de quando veio o segundo irmão?

(Aluna) O segundo, lembro.

(Carmine) E gostou quando ele nasceu ou não gostou. Nesse tempo, você podia reconhecer melhor o sentimento, porque estava maior. Isso não quer dizer que no primeiro não teve sentimento, somente não tem lembrança, não tem história. Está lembrada se nesse tempo algo aconteceu? Você não caiu, não quebrou nada, não se queimou, tudo foi tranqüilo?

(Alunos) Você não jogou seu irmão pela escada?

(Carmine) Quem?

(Aluna) Eu joguei ele pela escada, eu falei.

(Carmine) Ah, você falou? Quando?

(Aluna) Ele devia ter uns seis meses. Estava no carrinho, a gente no alpendre, assim, na sacada. Íamos sair e meus pais estavam acabando de pegar as coisas, então eu empurrei ele.

(Carmine) O segundo ou o primeiro?

(Aluna) O primeiro.

(Carmine) Então estamos descobrindo cores que...

(Aluna) Um amarelo.

(Carmine) Amarelo.

(Aluna) Um amarelo.

(Carmine) Isso é uma conduta de irmão ou de filho?

(Alunos) Filho.

(Carmine) De filho. Matar o irmão é uma forma de parar a

história. Quando acontece essa luta entre irmãos, apesar de os pais falarem que querem que os filhos sejam irmãos, agem de uma forma pela qual eles não podem nunca ser irmãos. Uma vez sendo irmãos os pais têm de ser casal. E nesse momento se pode descobrir que... E se você tem cores, tem cores pelo primeiro, pelo segundo e pelo terceiro. Mas algumas vezes pelo terceiro está contente ou pelo segundo está contente, porque tira o lugar do primeiro. Há uma história complexa entre os irmãos quando são pequenos. Nós temos de utilizar essa história, a complexidade para entrar na profundidade desses vínculos.

(Aluna) Sabe o que pensei agora. Da mesma forma que tive três meses de filha única, meus pais tiveram um mês de casal, porque quando eu nasci eles tinham se casado há dez meses. Acho que é pouco tempo para ficar a sós.

(Carmine) E a diferença do segundo para o terceiro?

(Aluna) Três anos.

(Carmine) E do terceiro para o quarto?

(Aluna) Um ano, e o quarto nasceu no dia em que eu fiz cinco anos.

(Carmine) Agora nós vamos pensar sobre o que ela contou, porque temos de organizar dentro de nós alguns esquemas que podem nos ajudar a compreender o modelo que estamos trabalhando. É claro que até esse momento tivemos de fazer um desenho de sua família. Que cor quer sua família? Verde. Agora tem a casa onde estavam os avós e sua mamãe se casou.

(Aluna) Primeiro eles ficaram um tempo sozinhos no apartamento que era do meu avô paterno.

(Carmine) Era...

(Aluna) É ainda; todos os avós estão vivos.

(Carmine) Os pais emprestaram a casa do avô paterno?

(Aluna) Era dele.

(Carmine) Viveram na casa dos pais e levaram um tempo muito curto sendo casal, porque aos dez meses ela nasce. Ela não deixou os pais serem casal muito tempo. Porque rápido quis se pôr no mundo. Assim nós pensamos em uma história muito curta. Ela não deixou esse espaço livre e quis pôr-se

rápido nele. Então o que aconteceu nesse tempo, você existe aqui (apartamento pais) ou aqui (casa avós)? Porque nós podemos pensar que há duas histórias paralelas, de uma senhora que volta para casa quando o marido começa a trabalhar em outra cidade. A nós interessa a construção disso, porque no momento que o papai está aqui (fora) e a mamãe aqui (casa dos avós), o ninho dos pais é aqui (avós). Você era pequena, e não sabemos se dormia na mesma cama da mamãe. Há também a mãe, que regressa ao ninho dos pais. Então é isso que fazemos quando pensamos em três gerações, e por quê? Porque as hipóteses que saem de nós podem ser hipóteses que incluem as três gerações. Porque quando se sai de casa, se pode sair com a metade e a outra metade se deixa em casa. Você está casada?

(Aluna) Estou.

(Carmine) Há muito tempo?

(Aluna) Um ano e meio.

(Carmine) Saiu inteira ou deixou metade?

(Aluna) Deixei um pouquinho, não sei se é metade. Primeiro eu saí tudo, inteira, agora estou voltando um pouquinho.

(Carmine) Sua mãe também saiu inteira, não? Mas fez um triângulo e você entrou nesse triângulo.

(Aluno) Carmine, deixa eu só perguntar uma coisa? Por que você disse que ela (a aluna) é que não deixou os pais serem casal?

(Carmine) Porque ela foi rápida, não deixou. Há casais que...

(Aluno) Mas é o casal que gerou o filho.

(Carmine) O casal muitas vezes faz amor. Ela somente não permitiu, quis se pôr no óvulo. Ela somente... é ativa.

É como Napoleão, o Deus me deu o poder e eu quero o poder. Ela era muito tranqüila, porque era gorda, não trabalhava muito, dormia, não tinha doença de criança e se tem doença de criança, aparece a preocupação. Não tinha problema de...

(Aluna) Chorava muito, mas não sei se nessa época, acho que depois de um ano.

(Carmine) Ah, depois de um ano. Na sua história, o que temos

de interesse agora é saber o que fez nesse primeiro ano. Porque durante três meses fez algo para se pôr no meio de seus pais completamente, nesses três meses trabalhou bem. Mas depois de três meses veio outro. Você estava dormindo nessa noite? Não estava chorando, não teve cólica? Por quê? Há muitas maneiras que a criança usa: a doença psicossomática. Ela não pode falar porque não tem a voz, a não ser vocalizações "aaaaaaaa", "eeeeee", e isso não se compreende, não se escuta, não se pode compreender, só interpretar. Há uma direção na qual se pode ir, ela quer água, ou tem frio, ou tem necessidade de carinho, mimos. Nessa época, fala duas linguagens: linguagem do corpo e linguagem com o corpo. Qual é a diferença?

(Aluna) A linguagem do corpo é uma linguagem que tem um significado próprio e acho que está ligada muito com as emoções, é mais difícil de compreender, é mais escondida. E a linguagem com o corpo é mais comunicativa, acho que já é mais representacional, mais secundarizada.

(Carmine) Então, se ela não tem uma atenção, atenção do adulto, tem de falar em outro nível, então essa é a linguagem... psicossomática. Qual o primeiro sintoma psicossomático que tem os filhos?

(Alunos) Cólica.

(Carmine) Cólica, depois, regurgitar, e há outro fenômeno...

(Alunos) Vômitos, e depois...

(Carmine) Ruminação, é como faz o boi, que come e depois vai elaborando várias vezes...

(Alunos) Espasmos...

(Carmine) Espasmos, e depois...

(Alunos) Diarréia.

(Carmine) Diarréia.

(Alunos) Prisão de ventre.

(Carmine) O que é isso, prisão de ventre?

(Alunos) Intestino preso.

(Carmine) Ah, intestino preso, depois, aos quatro ou cinco meses a crosta na cabeça...

(Alunos) Ceborréia.

(Carmine) Ceborréia, e a da pele?

(Alunos) Eczema.

(Carmine) Eczema, aos seis meses.

(Alunos) Asma.

(Carmine) Vejam quantas coisas.

(Aluna) Ah, eczema.

(Carmine) Eczema, quando?

(Aluna) Foi na Páscoa, então foi mais ou menos quando eu tinha... não sei em que mês que veio a Páscoa, mas foi aos quatro ou cinco meses.

(Carmine) Quatro ou cinco meses e começa a falar com o corpo e do corpo com eczema. Quatro ou cinco meses depois que eles...

(Aluna) Não, eu estava com quatro ou cinco meses.

(Carmine) Ah, você tinha quatro ou cinco meses. Então o momento que ela descobre que tem a possibilidade de ter como concorrente um irmão, começa a jogar o jogo de cartas. Joga o eczema, mais tarde começa a chorar...

(Aluna) Depois...

(Carmine) Então, quer dizer que teve um tempo de dez meses, de um a dez meses, onde seus pais viveram juntos, e você nasceu depois de dez meses. Aos três meses, depois que você nasceu, engravidaram de seu irmão. E você aos quatro ou cinco meses tinha crises, sairam eczemas.

(Alunos) (risadas)

(Carmine) Vocês estão vendo como é importante o pediatra, quando faz o percurso da construção da história da família. Não só o terapeuta faz este percurso. Não podemos pensar que a criança não tem emoção. Nós estamos criando hipóteses: no momento em que descobriu que a mamãe estava grávida, ela começou a jogar cartas. Mas temos de ver isso em relação a outra hipótese. Por quê? Porque com o problema de pele ela espanta a mamãe. A pele é uma coisa de contato, a pele permite o contato. Ela está falando de um contato com a mãe e com a avó, porque entre elas também houve uma separação. Observem quantos níveis temos, onde podemos pôr os sintomas e trabalhar diferentes hipóteses e diferentes níveis. Isso porque não há uma verdade somente, a verdade de que fala

essa hipótese é apenas uma das verdades. Então agora estamos com a idéia de que os irmãos são diferentes dos filhos e os filhos têm de ter uma relação com os pais. Até agora temos essa informação: aos seis meses ela estava aqui (casa avós), tinha eczema, aos quinze meses chorava. Que outra informação temos? Que aos dezoito meses empurrou o irmão e tentou matá-lo. Teve todo o tempo para pôr no inconsciente muitas coisas, que tem a ver com sua vida de relação com o irmão, com o pai e com o avô e que estão aqui misturadas com as emoções. Nós sabemos pelas histórias de Freud que existem truques, que nós fazemos, pelos quais temos imagens com emoções muito fortes. Quando fazemos um laboratório do inconsciente, o inconsciente faz a operação que tira a imagem de um lado e a põe com outra emoção e a emoção a põe com outra imagem. Assim, quando elas surgem, não podemos conhecê-las, por isso que nós também trabalhamos com sonhos, não é que os sonhos não sejam sistêmicos, eles são sistêmicos.

(Aluna) Não sei. Por quê? A impressão que tenho é de que as coisas são assim, são mais complexas. Então, quando começo a olhar para as coisas de forma a levar em consideração essa complexidade, me sinto mais tranqüila, mais fiel. Me parece que poder pensar em termos de complexidade é uma forma que vejo de poder validar cada jeito de ser das pessoas. Então, para eu levar em consideração a complexidade, é preciso ver de forma menos categórica. Quer dizer, não é o que vejo que vale; relativizo um pouco o que estou vendo e posso ver um pouco mais.

(Carmine) Então, você vai procurando na sua mente uma forma mais relativa, não absoluta. Na forma da mente absoluta já tem a realidade, quando é relativo tem sempre de buscar uma realidade, referida num contexto, o que faz trabalhar em vários níveis. Agora podemos ver como ela constrói sua identidade profissional, e nesse momento está plantando sua identidade pessoal. Do psicossomático até a criatividade, não há solução de continuidade, quer dizer, é tudo o mesmo discurso. É o caminho da diferenciação, está construindo uma visão holística do mundo, onde no momento em que fala com a

linguagem do corpo e com o corpo, está falando com uma atenção relacional. É uma filosofia onde o homem está inteiro, holístico, não tem o corpo separado do espírito. Em geral, nossa visão é dividida. Aristóteles fez o seu esquema do corpo material e do espírito. Se dividiam as coisas. Há teorias voltadas só para o espírito. Os orientais têm uma idéia do corpo integrado no universo, então têm uma visão holística. Agora nós temos de escolher se gostamos mais de uma visão do corpo dividido do espírito ou de uma visão holística do mundo. Esta é outra forma de conhecer. Como é a sua filosofia?

(Aluna) Me parece que os vários níveis compõem uma coisa só, mas também que existe uma dificuldade desses vários níveis coexistirem. Parece com esses irmãos aí. Tem sempre um irmão que quer ser o único. Cada vez é um que quer aparecer, cada vez é um que pode aparecer, não dá para aparecerem todos ao mesmo tempo, e isso é um truque que a natureza tem, é um truque que faz com que realmente a gente possa até pensar que só isso que a gente está vendo, só este único nível que está na superfície é o que existe. E a gente pode agir a vida inteira como se o resto não existisse, como se só isso fosse todo o fenômeno. E, na minha filosofia, penso que a gente precisa dar oportunidade para os outros níveis poderem se desenvolver e para os outros também poderem aparecer. Porque me parece que cada pessoa ou cada ser, cada fenômeno escolhe uma aparência, e essa aparência é uma estratégia, não sei por que escolhe, mas tem uma filosofia por detrás, tem um motivo que faz parte, uma regra que é o motivo pelo qual escolheu aquela forma e não outra. Mas poderia aparecer de outro jeito, poderia desenvolver outras coisas.

(Carmine) Há outra pessoa aqui que tem a mesma filosofia? Essa filosofia? Uma visão holística, que tem níveis diferentes e que tem mais esperança?

(Alunos) Que tem mais esperança!

(Carmine) Uma vez eu estava trabalhando com uma família, e nessa família todos eram anoréxicos. Chegamos a tocar a emoção da família, e houve um momento em que o pai não podia, absolutamente, falar nada que tivesse a ver com emo-

ção, também não podia ter sonhos, porque dos sonhos podiam sair emoções. No curso da terapia, um dia em que estávamos tratando o tema da agressão, da violência, da agressividade, ele disse que estava pior da piorréia (doença em que os dentes vão caindo) e precisou fazer uma intervenção rápida para firmar os dentes que ainda não haviam caído. Os dentes têm a ver com a agressividade (morder)... Há uma diferença entre agressividade e destrutividade. Como é isso?

(Aluna) Como assim?

(Carmine) Então, estou tentando ver se há outra pessoa aqui que tem uma visão holística.

(Aluna) Quem vai contar para a gente?

(Carmine) Tenho outra pergunta que pode ser mais simples. Alguém aqui faz o *I Ching*? Se alguém faz, possui uma visão holística, pois há uma introdução de Jung que fala justamente da visão holística do homem, e não se pode fazer o *I Ching* se não se tem uma visão holística. Quantas pessoas fazem o *I Ching*?

(Aluna) Eu não.

(Carmine) Você não faz o *I Ching*, mas possui uma visão holística.

(Aluna) Mas eu tenho uma experiência interessante que descobri. O primeiro curso de terapia familiar que fiz foi ao mesmo tempo que passei a me tratar com homeopatia de uma forma holística. Era um homeopata holístico, e na mesma época comecei o curso de terapia familiar. Ia ao consultório do homeopata e parecia a mesma coisa, então foi muito interessante.

(Carmine) Sim, há outros caminhos. E essa visão holística é muito importante na constatação de hipóteses. Se trabalharmos dessa forma teremos de mudar o sistema terapêutico. Não somente o sistema nuclear, mas também o sistema de gerações, porque às vezes o que passa se transforma em um sistema que pode ser um sistema nuclear, e será trocado por outro sistema, por um assunto que às vezes aparece como psicossomático. Por exemplo, saída dos filhos, depressão ou alguma coisa mais grave dos pais. Separação, um problema físico, dos pais, dos filhos, essa linguagem do corpo e com o corpo, temos

sempre de tê-la presente quando misturamos os sistemas, e aí podemos saber se temos a visão holística do grupo de vínculos, ou seja, não é somente a pessoa, senão tudo que está vinculado ao universo, com a pessoa. A pergunta ocorre no momento de mudança. Então, o que conta é o modelo, um modelo que nos leva a pensar de forma diferente, na qual temos a estrutura física e a psíquica. Compartilhamos com os outros a visão desse modelo, e quando estamos trabalhando com uma família podemos compreender uma hipótese que pode levar às três gerações, o assunto pode ser muito importante para a elaboração. É o que acontece com esse pai cujos dentes caíam. Nós temos de pensar que os dentes tinham relação com o que se passava com a família e que a anorexia tinha também a ver com a emoção do pai e com a impossibilidade dele de permitir que aflorasse o seu emocional. Ele falava com o corpo porque um psicossomático não pode falar, pois não tem voz, e a criança psicossomatiza, fala com o corpo e do corpo, mas é uma voz da alma e totalmente simbólica. Precisamos ter aqui (cabeça) uma chave para fazer a interpretação. Assim, pode-se trabalhar também com a família psicossomática ou pode-se trabalhar com um assunto sistêmico relacionado à terapia de família, porque está convencionado oficialmente que a família tem de conviver como família, ver como família. É uma forma de pensar onde se faz perguntas e relações, e onde vamos observando situações de relações que têm a ver conosco, e que têm conexões profundas. Então, posso começar a tocar as emoções, tão fechadas, tão interiores nessas situações. Fiz um discurso grande demais, que vocês podem fazer no curso em cada ano com diferentes temas clínicos. Agora voltemos à menina, que está em frente à mamãe e que aos cinco meses a mãe engravida. Então, para entender o que ela fez, pensemos que a esposa chama o marido e diz: "Olha o que ele está fazendo". E chamam a irmã: "Olha o que seu irmãozinho está fazendo". Ela fica com muita raiva. É interessante esta parte. Não tem fotos?

(Aluna) Não, quando eu era sozinha, filha única? Tenho algumas fotos, tanto que sei que eu era bem gorda.

(Carmine) Era bem gorda? A foto é no braço da mamãe, do papai ou do avô?

(Aluna) Sozinha.

(Carmine) Sozinha. Eu sei o que acontece (simula poses de criança diante de uma máquina fotográfica).

(Aluna) É, no sofá, no chão, não sei onde, mas sozinha. A primeira foto que lembro de estar no colo foi no meu aniversário de dois anos e do Cristiano de um ano, foi um aniversário com um milhão de doces, uma coisa superbonita. A foto é super... Eu falei, nossa, quero ter um aniversário assim hoje, um monte de coisas, uma mesa supercaprichada. Na foto, estou no colo do meu pai e meu irmão está no colo da minha mãe, a gente está soprando a velinha.

(Carmine) Agora tem dez minutos para explicar como vocês passaram de filhos a irmãos.

(Aluna) Olha, eu estou...

(Carmine) Vocês não moram mais na casa dos pais hoje?

(Aluna) Só eu saí. Todos estão lá, os três.

(Carmine) Só você! Você sobreviveu; porque tem alguns que quando saem, os outros retornam; tem alguns que saem sem deixar nada e em algum momento se lembram que deixaram um pedacinho. Foi isso que você falou antes?

(Aluna) É, eu penso nisso.

(Carmine) Por quê? Você inventou a separação? A separação é uma invenção para se voltar à casa dos pais algumas vezes. Pode ser uma invenção suficientemente boa se os pais deixarem, o casal deixa sempre um pedaço dentro de si da família de origem de cada um. Você deixou um pedacinho também?

(Aluna) Sim.

(Carmine) Sim, isso pode ser um fato importante. Alguém diz: Olha, já passou um ano e meio, dois, depois, quando os irmãos saem, os outros regressam. Tem uma história assim, só para dizer como esses trabalhos têm de ser pensados sempre de forma tridimensional, só para dizer que quando trabalho sempre vou projetando em minha cabeça para buscar hipóteses nas quais minha alma pode se envolver com esse assunto de

apego e perda. O que é apego e perda? Bowlby trabalha com todos esses assuntos e nos ajuda a construir um modelo sistêmico no qual tudo que estamos fazendo com apego e perda se pode fazer em três gerações. É claro que vocês terão muita facilidade, porque as pessoas têm histórias emocionantes. Então está nascendo algo em vocês que tem de se reconhecer. E assim se vai sabendo como os irmãos deixaram de ser filhos.

(Aluna) Sabe no que fiquei pensando? Eu tenho três irmãos, com um deles me dá impressão de que ainda não comecei a ser irmã. Com os outros dois foi tranqüilo, com um deles não foi, nem entre mim e ele, nem entre ele e os outros também.

(Carmine) Ele pensa que pode se equiparar aos pais?

(Aluna) Não sei, mas me dá a impressão. Ele é difícil, ele é assim...

(Carmine) Ou os filhos se puseram em acordo entre irmãos, para que um se equiparasse aos pais, ou eles se deram conta de que esse nunca pode se equiparar aos pais e a luta se dá entre os outros três. Temos de ver isso, porque é uma história interessante. Nessa hipótese temos de ter algo que se possa utilizar de pessoal, para poder dar imagem à hipótese.

(Aluna) Não, mas acho que a hora que comecei a ser mais irmã deles foi quando saí de casa mesmo. Demorou, porque enquanto eu estava em casa era muito misturado, muita briga.

(Carmine) Quantos anos você tem?

(Aluna) Vinte e oito.

(Carmine) Vinte e oito.

(Aluna) Eu tenho?

(Carmine) Não, quantos eles têm?

(Aluna) Um tem vinte e sete, o Cristiano. O outro tem vinte e quatro e o outro, vinte e três.

(Carmine) Você estava falando...?

(Aluna) Do de vinte e três.

(Carmine) Do último?

(Aluna) Não, do de vinte e quatro, do terceiro.

(Carmine) Então, dos três irmãos, de quem você é irmã?

(Aluna) De dois deles.

(Carmine) De dois você é irmã e de um não.

(Aluna) Eu não sei, eles falam que eu cismo. Não sei como eles estão entre eles, mas para mim foi difícil.

(Carmine) Pode explicar o que quer dizer ser irmã? Porque, para ser irmão, tem de estar tranqüilo. Pode-se colocar em uma cadeira em frente à televisão, estar certo de que ele não vai (faz gesto de chutar e ele rolar) atirá-lo. Como se passou isso?

(Aluna) Talvez tenha sido até importante para eles eu ter saído, até para eles ficarem mais tranqüilos comigo.

(Carmine) Eles puderam ser um pouco irmãos com você, quando você saiu. Antes não? Quando você saiu da competição? Agora que você não está mais, não quer mais tomar o lugar deles, podem pensar em ser irmãos, é assim?

(Aluna) Não sei.

(Carmine) Temos de trabalhar um pouco sua idéia, porque há uma diferença entre ser filhos e irmãos. Se se é filho não se pode descansar, porque sempre tem um que vai te golpear de alguma forma, porque tem de chegar antes (de um possível irmão)

(Aluna) A impressão que dá é de que o meu irmão, o terceiro, se sente filho demais, demais da conta.

(Carmine) Quem, o terceiro?

(Aluna) É, sim. Tudo incomoda ele. Ele vai se casar agora em abril.

(Carmine) Ele vai se casar.

(Aluna) Mas ele é impossível.

(Carmine) Quando um filho é impossível significa que não está tranqüilo...

(Aluna) Bom, os meus pais acharam que estavam grávidos no mês em que ele comunicou que ia se casar.

(Carmine) Os seus pais pensaram que...

(Aluna) Pensaram, não contaram para ninguém, imagina,

mas levaram dois meses e meio para ficarem relaxados, minha mãe não vacilou.

(Carmine) Bom, eu vou parar por aqui, porque... (risadas) Me parece que você nos deu um pouco de história, contada de uma forma que nos faz confiar no modelo. Este é o ponto, temos de ver se podemos compartilhar um modelo que um dia nos permita trabalhar juntos. Se vocês estão em outro lugar do mundo e, ao se encontrarem, têm essa filosofia, podem se comunicar, porque sabemos que estamos falando de muitos níveis, em uma visão do homem no mundo e com uma filosofia de mudança que nos aproxima. Esse é o assunto, não? Se há a luta de territórios, o meu território, o seu território, não há possibilidade de mudança, não se compartilha. O ponto básico é podermos trabalhar na mesma direção.

(Aluna) Eu estava comentando, vejo os seus olhos de uma maneira sistêmica; quando trazem uma informação, brilham de forma diferente. É incrível, tem uma luzinha diferente.

(Carmine) Eu acho que em terapia não há estratégia para se estabelecer uma relação, esse é o ponto mais importante. Como chegar às relações através do mito, o mito da família. Porque toda vez que se fala de família, sai um novo mito, porque quando a família se junta e tem lembranças, não se assegura o mito que até então existia. Assim, se vocês me deixam falar sobre a família de alguém, as informações vão mudando de ano para ano, cada ano tem um mito diferente da família de cada um. Nosso trabalho é exatamente deixar nossas mãos livres. Eu sou psiquiatra infantil, então me acostumei a trabalhar com crianças. Havia um tempo em que trabalhava só com crianças e fazia a primeira entrevista, posteriormente, com o pai ou com mãe. Então, é preciso trabalhar com a idéia ativa da criança, não com a idéia da criança vítima do pai e da mãe. Não porque alguma vez não possa ser vítima, mas é que se me acostumo a vê-lo como vítima, vou fazer uma aliança e tenho de dar a ele a possibilidade de usar truques, e os pais sempre têm truques maiores. Na verdade, as crianças possuem truques muito bons, quando são crianças,

têm truques psicossomáticos, como chorar, truque relacional, que pode rápido perceber se há problemas entre o pai e a mãe e tomar o lugar adequado. Essa forma é uma atitude, uma postura que facilita meu trabalho com o pai e a mãe, liberando-os algumas vezes da responsabilização que o terapeuta pode dar, da culpabilidade. O contexto no qual o terapeuta faz do pai e da mãe personagens culpados é um contexto não colaborativo. Então isso me facilita, é um truque de trabalho que me permite trabalhar muito com crianças de uma forma direta.

(Aluno) Você trabalhou mais com a família da mãe dela, mas ela tinha um pai e quando esse pai tinha de trabalhar você não entrou tanto no mito desse pai, na família desse pai.

(Carmine) Para entrar num sistema há muitas portas e você precisa eleger uma. Eu tenho mais relação com a história da família de minha mãe do que com a família de meu pai, ela me é mais fácil, mas você pode pensar na história da família do seu pai, e então vai buscá-la. Se você quiser fazer isso, e isso puder ajudar, conhecerá o passado da vida do seu pai.

(Aluno) É, de repente gostaria de conhecer algo da parte dos avós do seu pai, dos pais do seu pai, dos avós por parte de pai. A convivência que vocês tiveram com eles era próxima?

(Aluna) É, era bem próximo assim. Do lado da minha mãe eu era mais ligada à minha avó e do lado do meu pai eu era ligada ao meu avô e a uma tia, que não se casou, ficou para tia mesmo, era tiazona mesmo. Eu costumava, do lado da minha avó, brincar muito no prédio com meus primos e primas, brincava com as primas, porque eu só tinha irmãos. E do lado do meu avô saía muito com a minha tia junto com as primas e primos, mas essa tia era muito presente.

(Aluno) Interessante que quando você fala da tia se liga mais à tia, parece que os bebês foram chegando e você foi procurando outra mãe substituta, uma tia, a que foi designada para ajudar.

(Aluna) Mas teve muito disso. Ela me pegava aqui, me levava para Belo Horizonte, eu ficava no quarto dela, comia com ela, saía com ela, tinha uma ligação muito forte.

(Carmine) Bom, podemos parar?

BIBLIOGRAFIA

BOSCOLI, L. Cecchin, G. Palazzoli, M.S. *Paradosso e Contraparadosso*, Editora G. Feltrinelli, Milão, 1986.

BERTALANFFI, L.V. *General System Theory Foundation, Development, Application*, Ed. George Brasiller, NY, 1968.

MATURANA, H. e VARELO, F. *The Tree of Knowledge*, Chambala Pub., Boston, 1987.

WATZLAWICK, P. BEAZIN, J. e JACKSON, D. *Pragmática da Comunicação Humana*, Cultrix, SP.

MINUCHIN, S. *Families & Families Therapy*, Harvard Univ. Press, Cambridge, 1974.

CONTRIBUIÇÕES DA TEORIA DO APEGO À TERAPIA FAMILIAR

Gilda Franco Montoro

I - Introdução

Família é um sistema de vínculos afetivos, cuja especificidade se define por sua função essencial enquanto *locus* de formação da estrutura psíquica dos seres humanos. Esse processo se dá através das relações que a criança tem com suas figuras de apego, principalmente com pai e mãe (ou substitutos simbólicos), que lhe transmitem padrões de comunicação, afeto e disciplina. As primeiras relações de um bebê e de uma criança são a origem da percepção de si próprio e do outro, assim como de um estilo e capacidade de amar e interagir com a vida.

Outras funções básicas da família são:

1) Proteção a seus elementos contra ameaças vindas do mundo externo, da própria família e do próprio indivíduo.

2) Preparo da criança para se tornar um ser autônomo, capaz de se separar da família de origem e formar um novo núcleo familiar.

3) Preenchimento das necessidades amorosas e de ajuda mútua entre adultos.

Se a noção de família está intimamente ligada à do desenvolvimento psíquico da criança, e se este processo por sua vez não pode ser pensado abstraindo o sistema familiar, não deixa de ser um paradoxo que as duas áreas de conhecimento, Psicologia do Desenvolvimento e Terapia Familiar Sistêmica, tenham crescido tanto com tão pouca intercomunicação e integração de conceitos.

O objetivo deste capítulo é o de expor e discutir conceitos advindos da Teoria do Apego, criada por John Bowlby, a qual há quase duas décadas se constitui num dos alicerces de minha prática de terapia de casal e família, juntamente com os conceitos e técnicas derivados das várias correntes sistêmicas.

Minha predileção pessoal pela Teoria do Apego, desde o início dos anos setenta, deve-se ao fato de a mesma me parecer não só boa e forte, conceitualmente, mas também útil para entender e trabalhar fenômenos clínicos tanto em terapia individual quanto nas terapias de vínculos (casal e família).

Forte conceitualmente, porque, tendo nascido da intuição e do pensamento privilegiados de John Bowlby, alicerçou-se desde o início tanto em dados originados da clínica (Bowlby foi um psicanalista com treinamento impecável) quanto em pesquisas observacionais e experimentais desenvolvidas com todo rigor científico.

Útil, de grande valor heurístico, porque nos permite não só entender fenômenos clínicos, mas também fazer previsões sobre o comportamento futuro. É uma teoria que nos possibilita exercer melhor nosso ofício de psicoterapeutas; também nos capacita a intervir, de maneira preventiva, em diversos pontos do ciclo vital e familiar. Acredito que será um enorme avanço o dia que, além de psicoterapeutas, possamos também nos considerar psicoprofilatas.

II - A Teoria do Apego

1) HISTÓRICO

Um breve histórico do desenvolvimento da Teoria do Apego nos ajudará a entender melhor suas principais características.

John Bowlby nasceu em 1907 e morreu em 1991. Após graduar-se em Psicologia do Desenvolvimento, na Universidade de Cambridge (1928), Bowlby trabalhou numa escola para crianças desajustadas vindas de lares com problemas graves. Essa experiência foi tão marcante que norteou sua decisão de se tornar psiquiatra infantil.

Ao mesmo tempo que estudava Medicina e mais tarde Psiquiatria, Bowlby formou-se no Instituto Psicanalítico Britânico e fez pós-graduação na London Child Guidance Clinic. Nessa época, as idéias kleinianas eram dominantes: Bowlby teve supervisão com Melanie Klein e análise didática com Joan Riviere, sua colaboradora próxima. Apesar disso, desde o início de seu trabalho tinha restrições à abordagem kleiniana, especialmente ao papel central da inveja na formação e no funcionamento da personalidade humana, e à colocação de que os problemas emocionais das crianças são, principalmente, gerados por conflitos internos entre impulsos agressivos e libidinosos, não por acontecimentos do mundo externo.

Bowlby foi um rompedor de tabus e um precursor da terapia de família; já num artigo de 1940, recomendava entrevistas semanais com as mães de crianças em psicoterapia psicanalítica; em 1949, relatou que, durante terapia com crianças problemas, conseguia grandes avanços com sessões de família, nas quais estimulava os pais a falarem de suas experiências de infância na frente de seus filhos.

Os alicerces da Teoria do Apego foram sendo construídos enquanto Bowlby trabalhava como psiquiatra infantil e pesquisador. Depois da Segunda Guerra, tornou-se chefe do Departamento Infantil da Clínica Tavistock. Em 1950, já um psiquiatra infantil famoso, foi encarregado pela Organização Mundial de Saúde de escrever um relatório sobre a saúde mental de crianças sem lar na Europa pós-guerra. Esse relatório, publicado em 1951 com o título de Maternal Care and Mental Health, trouxe a Bowlby um renome mundial, e teve enorme influência, alterando hábitos de separar as crianças pequenas das mães, em casos de hospitalização etc. Privação e/ou descontinuidade de cuidado materno foram apontadas como tendo efeito causal sobre neuroses e desordens de caráter, sobretudo nas psicopatias. Ao mesmo tempo que afirmava que os filhos precisam das mães *, já propunha, como o fez durante toda a vida, que a pessoa encarregada do cuidado do bebê necessita de vários tipos de apoio — financeiro, afetivo — e ajuda física para ser capaz de realizar bem uma tarefa que é exaustiva. Se uma comunidade valoriza suas crianças, ela deve tratar bem seus pais (Bowlby, 1951).

Na década de 60, influenciado pelo pensamento evolucionista e etológico, Bowlby adotou a Teoria de Sistemas de Controle para explicar o comportamento humano; nessa mesma época, o conceito de Sistema passa a ser usado como uma pedra fundamental de várias correntes em terapia familiar.

A Teoria do Apego, em sua forma final, apareceu em três volumes que se tornaram clássicos: *Apego* (1969), *Separação - Ansiedade e Raiva* (1973), *Perda - Tristeza e Depressão* (1980). Nessa trilogia, Bowlby virou do avesso o pensamento psicanalítico clássico; rejeitou os conceitos de energia e pulsão e a importância da oralidade e da sexualidade no desenvolvimento infantil; atacou os conceitos de fixação e regressão; adotou um ponto de vista evolucionista e etológico para investigar o comportamento humano; propôs modelos cibernéticos semelhantes aos adotados pela terapia familiar; propôs uma estrutura executiva para substituir o conceito freudiano de ego e criou uma nova teoria de mecanismos de defesa baseada em estudos sobre processamento de informações (Montoro, 1983).

A construção da Teoria do Apego, embora na essência tenha sido concebida por Bowlby, recebeu a contribuição de inúme-

---

* Nesse momento, quero explicitar que, ao longo desse trabalho, muitas vezes empregarei o termo mãe no lugar dos termos mais usados pela Teoria do Apego, os quais são *caregiver* ou *caretaker*, que significam a pessoa encarregada do cuidado da criança. A preferência pelo termo mãe, ao discorrer sobre as relações bebê-*caretaker*, deve-se à facilidade de tradução e fluência de redação em português, e não à crença de que um bebê deva ser só, ou necessariamente, cuidado pela própria mãe.

ros estudiosos e pesquisadores. Entre eles, destaca-se Mary Salter Ainsworth, psicóloga americana com notável talento para a pesquisa. Ela foi não só capaz de testar empiricamente várias hipóteses da Teoria do Apego, como também formou e estimulou dezenas de pesquisadores que, dos anos setenta até hoje, vêm se dedicando a aumentar o número de dados que têm enriquecido a teoria.

2) A ESTRUTURA TEÓRICA

Apresentaremos um resumo do arcabouço teórico e de alguns tópicos importantes da Teoria do Apego, com o objetivo de facilitar a leitura e o entendimento da exposição posterior.

A Teoria do Apego se propõe a estudar e analisar:

a) a propensão do ser humano para formar fortes vínculos afetivos com outros seres humanos;

b) as várias formas de perturbação emocional que ocorrem, quando esses vínculos são ameaçados ou rompidos;

c) a construção, ao longo da infância, de modelos mentais de si próprio, do outro e da possibilidade de relacionamento interpessoal; e

d) a maneira como esses modelos se tornam componentes centrais da personalidade, regulando a percepção, o sentimento e o comportamento do ser humano.

Segundo Bowlby (1969), o bebê humano já nasce com a predisposição genética para desenvolver laços afetivos com aqueles com quem interage na primeira infância. O nascimento do primeiro vínculo afetivo da criança é concebido como sendo conseqüência de certos padrões pré-programados de comportamento do primeiro semestre de vida (choro, olhar, agarrar-se etc.) terem se tornado focados na figura da mãe ou substituta a partir do sétimo mês.

É necessário distinguir entre apego — um sistema comportamental interno que controla a propensão estável para a busca de proximidade da pessoa (objeto de apego) — e os comportamentos de apego, os quais são intermitentes e variam de acordo com circunstâncias próprias do indivíduo e da situação. Chama-se comportamento de apego toda forma de comportamento que tem como meta a obtenção ou manutenção de proximidade com outra pessoa específica e preferida (considerada mais apta para lidar com o mundo) chamada de figura ou objeto de apego. O comportamento de apego pode variar desde um contato quase imperceptível, como a verificação de onde o outro significativo se encontra, ou a troca de olhares e sinais, até a busca ativa de proximidade, como chamar a atenção, chorar, correr atrás, agarrar-se e resistir à separação (Bowlby, 1969).

A psicopatologia é concebida por Bowlby (1973) não como uma fixação ou regressão a fases anteriores, mas sim devido ao fato de o indivíduo ter tido um desenvolvimento anormal ou desviado. Bowlby propôs o conceito de Caminhos de Desenvolvimento *(Developmental Pathways)* para substituir os conceitos de regressão e fixação.

Padrões patológicos de comportamento podem existir em qualquer idade e indicam sempre a existência de desvios no desenvolvimento. Por exemplo, no caso do apego, um distúrbio comum, denominado apego ansioso, é a hiperativação do sistema com conseqüente aumento de freqüência e intensidade dos comportamentos de apego; outro distúrbio, denominado apego evitador, é a desativação parcial ou total do comportamento de apego. Quanto à etiologia, afirma Bowlby (1980): "Os determinantes principais do curso desenvolvido pelo comportamento de apego de uma pessoa e o padrão pelo qual ele se torna organizado são as experiências que a pessoa teve com suas figuras de apego durante seus anos de imaturidade — quando bebê, criança e adolescente" (pág. 41).

3) DESENVOLVIMENTO DO APEGO NA CRIANÇA

O desenvolvimento do apego, intimamente ligado ao desenvolvimento cognitivo e motor da criança, depende da interação entre maturação e aprendizagem.

A partir do nascimento até mais ou menos dois meses, o bebê já demonstra orientação e sinalização para as pessoas a sua volta, mas sem preferência por uma figura específica. Embora a criança não nasça gostando de alguém, já nasce pré-programada (através do equipamento perceptivo, motor e do choro) para buscar proximidade com os seres humanos que cuidam dela. É a interação sócio-afetiva dos primeiros meses que levará ao apego — vínculo internalizado, que na espécie humana aparece somente na segunda metade do primeiro ano.

A partir do sétimo mês, o bebê passa a buscar ativamente a proximidade de uma (ou mais) figura(s) através de sinalização e locomoção. Há um estalar repentino de sinais de apego diferenciado.

Entre as pesquisas feitas para investigar quais fatores são responsáveis pelo apego da criança à mãe, as de Schaffer e Emerson (1971) e Ainsworth (1967) tornaram-se clássicas; ambas demonstraram que muitas crianças se vinculam a pessoas que não participam do cuidado físico diário.

Schaffer e Emerson (1971), num estudo longitudinal com crianças escocesas, descobriram que as variáveis determinantes que apontam mais claramente as pessoas com quem a criança se apega são:

a) rapidez com que a pessoa responde às iniciativas da criança, especialmente a responsividade ao choro; e

b) a prontidão de iniciativa e a intensidade da interação social com que a pessoa se relaciona com a criança (brincar, rir, conversar).

As conclusões de Ainsworth (1967), num estudo longitudinal com bebês em Uganda, apontam fatores semelhantes:

a) sensibilidade da pessoa para responder aos sinais do bebê; e

b) quantidade e natureza da interação entre mãe e filho, enfatizando o prazer mútuo que os dois experimentam no relacionamento.

O comportamento de apego é ativado por condições do mundo interno e/ou externo, por exemplo, a estranheza, o mal-estar (cansaço ou doença), o medo, a percepção da falta de disponibilidade e/ou responsividade da figura de apego; é terminado (desativado) por outras condições como, por exemplo, um ambiente conhecido e seguro, uma resposta pronta e receptiva da figura de apego.

O sistema de apego funciona como um termostato que se liga com determinados estímulos e se desliga com outros. Suponhamos que uma criança de dezoito meses esteja distraída, brincando, explorando o ambiente ou comendo; nesse momento a mãe sai abruptamente do local. O estímulo saída da mãe liga o sistema de apego; a criança chora, esperneia, quer ir atrás. Se a mãe retorna e a atende, ela se sente segura outra vez. O estímulo ser cuidada desliga o sistema de apego — ela volta tranqüilamente para a comida ou o brinquedo.

A partir dos três anos, os comportamentos de apego tornam-se menos evidentes, quer em termos da freqüência com que ocorrem, como da intensidade. Ainda assim, se mantêm como parte importante do repertório comportamental do ser humano; não apenas durante a infância, como também durante a adolescência e a idade adulta, quando novas relações de apego se estabelecem.

4) PADRÕES DE APEGO

Mary Ainsworth, a principal colaboradora de John Bowlby, teve um papel fundamental na construção da pesquisa dos padrões de apego.

No famoso projeto Baltimore, Ainsworth (1978) estudou díades mãe-filho recrutadas antes do nascimento e observadas no lar durante todo o primeiro ano de vida. Nessa pesquisa, foram construídas e padronizadas escalas para medir o grau em que cada mãe era sensível e eficiente no primeiro ano de vida. Ainsworth e colaboradores perceberam que as mães que tinham notas elevadas na escala de sensibilidade possuíam comportamentos muito semelhantes entre si: elas controlavam continuamente o estado de seu bebê e quando ele sinalizava um pedido, a mãe percebia e agia de acordo. Por outro lado, as mães julgadas pouco sensíveis e eficientes controlavam o estado dos filhos de forma esporádica e eram insensíveis, de maneiras variadas: ou rejeitando, ou interferindo invasivamente, ou ignorando os sinais do bebê.

Essas diferenças marcantes entre o comportamento das mães apareceram desde os três primeiros meses de vida da criança.

No tópico alimentação (1969), muitas mães conseguiam, de saída, bom ajuste e cooperação. Outras tinham dificuldade em se adequar aos sinais da criança, e, como conseqüência, os bebês choravam, engasgavam, sufocavam e vomitavam; conforme o comentário de Bretherton (1992), o oposto da experiência oral-sensual pensada por Freud.

Outra conclusão importante foi a descoberta de que o choro dos três primeiros meses independia do cuidado materno (parecia ser uma variável do bebê), porém as crianças cujo choro foi prontamente atendido no primeiro trimestre, quando chegavam ao quarto trimestre choravam muito menos, tendendo a se comunicar com expressões faciais, gestos e vocalizações (Bell e Ainsworth, 1972). Da mesma maneira, bebês que receberam elevada quantidade de colo e carinho físico no primeiro trimestre, ao chegar ao quarto trimestre demandavam menos contato físico do que os demais, mas quando o contato ocorria era afetuoso e satisfatório para o bebê.

Isabella (1993), revendo uma série de estudos posteriores, confirma: mães percebidas pelos observadores como consistentes em sua percepção, acuradas (precisas) em suas interpretações e contingentes e apropriadas em suas respostas aos sinais do bebê tinham maior probabilidade de ter, aos doze meses, um bebê calmo, feliz e cooperativo, que chora pouco e dá menos trabalho.

Bowlby (1989) argumenta que esses estudos demonstram que a mãe sensível é empática e sintonizada com as necessidades do bebê, ajustando-se a ele e comportando-se de maneira que o satisfaça. A criança, em vez de se tornar infeliz, manhosa e exigente, começa a desenvolver tanto uma autoconfiança positiva como confiança na mãe e prazer em sua companhia. As mães insensíveis, invasivas ou rejeitadoras, por outro lado, criam bebês frustrados, ansiosos e difíceis.

Quando os bebês estavam com doze meses, Ainsworth (1978) e sua equipe observaram diferenças no comportamento exploratório e de apego, tanto com a mãe e a criança em casa, quanto numa situação de teste em laboratório, num ambiente estranho para o bebê.

Esse procedimento experimental, que veio a ser conhecido como Situação Estranha, consiste em uma série de episódios, cada um com duração de três minutos. De início, mãe e filho entram na sala; em seguida uma pessoa desconhecida para o bebê entra e conversa com a mãe; a mãe sai discretamente da sala e deixa o bebê com a pessoa estranha; a mãe retorna e o estranho sai; a mãe sai e deixa o bebê sozinho; o estranho retorna; a mãe retorna.

Durante esse tempo, todos os comportamentos da mãe e do bebê são continuamente registrados, com atenção especial para os comportamentos de busca ou manutenção de proximidade por parte da mãe e da criança; choro, protestos contra a separação; manifestações de afeto positivo ou raiva e rejeição nos episódios de reunião mãe-filho e comportamento exploratório da criança.

Os resultados dessa pesquisa, assim como os de muitas outras que a replicaram, com amostras diferentes, demonstraram a emergência de três padrões típicos de relacionamento mãe-filho, cada um deles pressupondo a internalização de uma organização ou aquisição de um modelo mental no bebê de doze meses.

Uma descoberta importante foi a de que o padrão de organização de apego de um criança à mãe não pode ser entendido somente pela análise de freqüência e intensidade de um comportamento discreto como, por exemplo, choro ou busca de contato físico. Pelo contrário, o procedimento de Ainsworth captura uma estrutura interna, a organização de diferentes comportamentos, em diferentes contextos, e não somente a freqüência ou ausência de determinados comportamentos. Há um campo de interação mãe-filho com configuração própria.

Os bebês estudados foram classificados em três grupos:

O primeiro grupo (aproximadamente 70% da amostra), considerado como de Apego Seguro, era constituído por crianças que exploravam ativamente o ambiente, especialmente com as mães presentes, usando-as como base segura, ou seja, orientando o comportamento de exploração em relação à mãe, trocando olhares, indo e voltando. Quando as mães retornavam após as ausências, essas crianças as recebiam calorosamente e buscavam intimidade de maneira não ambivalente. A ocorrência do choro e protesto nos episódios de separação foi variável: algumas crianças choraram muito, outras pouco e outras nada. Esse grupo era constituído por crianças cujas mães tinham tirado notas altas nas escalas de sensibilidade materna usadas nas observações durante o primeiro ano de vida.

Dezenas de estudos que posteriormente investigaram a associação entre cuidado materno e padrão de apego, em várias idades, concluíram que esse padrão de apego seguro está enraizado em cuidado confiável *(reliable)*, especialmente sensível e responsivo à expressão de necessidade da criança. Esses bebês têm expectativas positivas quanto ao comportamento da mãe; usam sua proximidade como base segura, a partir da qual podem explorar o mundo; quando aflitos, buscam a mãe ativamente; quando a encontram, deixam-se confortar, sem raiva nem ambivalência.

Os outros dois grupos eram constituídos por crianças cujas mães receberam notas baixas na escala de sensibilidade materna.

O segundo grupo (aproximadamente 10% da amostra), que

recebeu a denominação de Apego Ansioso Resistente/Ambivalente (os dois termos "Resistente" e "Ambivalente" têm sido usados na literatura com o mesmo significado), era constituído por crianças passivas (tanto em casa quanto na situação de teste) que exploravam pouco o ambiente, chupavam o polegar ou se embalavam, demonstravam estar sempre ansiosas sobre o paradeiro da mãe, choravam muito em suas ausências, mas, nos episódios de reunião, oscilavam entre buscar proximidade e rejeitar a mãe, resistentes e bravas, num típico quadro de ambivalência. Essas crianças tinham baixos limiares de ameaça, extrema ansiedade de separação e dificuldade de serem confortadas pela figura de apego; demonstravam petulância e rejeição raivosa às aproximações maternas.

Essa mistura de preocupação e forte busca de contato — com recusa de ser confortado e rejeição raivosa (ambivalência) — revela um modelo de relacionamento internalizado baseado em cuidado inconsistente (pais que se revelam disponíveis e prestativos em algumas ocasiões e em outras não). A expectativa é de que o outro será disponível só com muita vigilância e de maneira imprevisível.

Finalmente, o terceiro grupo (aproximadamente 20% da amostra), denominado Apego Ansioso Evitador, englobava crianças que ora pareciam muito independentes, ignorando as mães, ora tornavam-se ansiosas, tentando reencontrá-las. Quando a mãe retornava, essas crianças fingiam que não percebiam, não a procuravam ou recusavam seu contato. Quanto mais estressada está a criança, por sentir-se ameaçada, maior é a evitação da mãe. Essas crianças davam a impressão de frieza, independência e falta de apego, tanto que no estudo anterior em Uganda, Ainsworth (1967) as considerou não-apegadas.

Esse padrão é propiciado por mães que têm horror de contato físico e/ou frieza e indiferença emocional e/ou demonstram raiva e agressividade frente às demandas do bebê; nos casos mais graves, submetem a criança a vivências crônicas e estáveis de rejeição ou abandono. Bowlby argumenta que a criança percebe a figura de apego como não disponível e a si próprio como não merecedor de ser cuidado.

Van Ijzendoorn e Kroonenberg (1988), fazendo uma revisão de dezenas de estudos sobre padrões de apego realizados em diferentes países e continentes, conclui que as seguintes proporções têm sido encontradas em diversas amostras:

— Apego Seguro: em torno de 65%.
— Apego Ansioso Evitador: em torno de 20%.
— Apego Ansioso Ambivalente: em torno de 15%.

5) PERSISTÊNCIA E INFLUÊNCIA DOS MODELOS

Vários estudos longitudinais têm demonstrado que os padrões de apego de uma criança, aos doze meses, são altamente estáveis e persistem com poucas mudanças até os seis anos.

Sroufe (1983), num estudo longitudinal, concluiu que crianças com padrão seguro aos doze meses são percebidas, aos três anos, pelos atendentes da creche, como mais espertas e capazes, cooperativas, queridas e fáceis de lidar. Crianças com apego ansioso/evitador são percebidas como afetivamente distantes, hostis e ao mesmo tempo precisando de muita atenção. Crianças com apego ansioso resistente são percebidas como requerendo contínua atenção, com baixa tolerância à frustração, e às vezes passivas e incapazes.

Matas, Arend e Sroufe (1978) compararam dois momentos de desenvolvimento infantil: doze e trinta meses. A maneira como a mães tratavam a criança aos trinta meses possuía uma alta correlação com o modelo de apego que a criança tinha apresentado em relação a ela, dezoito meses antes. Mães cujos bebês estavam seguramente apegados aos doze meses, aos dois anos tratavam seus filhos com apoio atento e sensível, respondendo tanto aos sucessos quanto aos fracassos, estimulando a criança de forma positiva. Essas crianças se mostravam mais entusiasmadas, cooperativas e persistentes, atentas às sugestões maternais. Mães de crianças com apego ansioso tratavam a criança de forma menos atenta ou sensível; algumas davam respostas tardias ou inúteis; outras ignoravam seus filhos ou rejeitavam seus pedidos de ajuda.

Sroufe (1985), revendo a literatura sobre padrões de apego no período médio da infância, relata que o apego seguro tem sido correlacionado, em diversos estudos, com a competência para lidar com colegas, auto-estima positiva, curiosidade, tolerância à novidade, reação a fracassos, entusiasmo e persistência na solução de problemas, independência e baixa freqüência de problemas de comportamento.

A classificação de apego, embora baseada somente no comportamento da criança, reflete a história da sensibilidade de quem dela cuida. A conclusão óbvia é de que qualidades que de início pertencem a uma relação e dela emergem, com o passar do tempo se tornam qualidades intrínsecas do indivíduo. Essa hipótese tem sido um pressuposto clínico em uso há tempos, mas que até agora não havia sido demonstrada empiricamente. Penso que sua comprovação serve de alicerce e fortalece muito o trabalho profilático nas relações pais-filhos, não só em nível terapêutico mas também psico-educacional — artigos de divulgação, cursos, grupos de pais, orientação feita por pediatras e educadores etc.

Durante os anos médios da infância — dos quatro em diante —, é desejável que uma criança desenvolva habilidades de relacionamento interpessoal com outras crianças. O tema do relacionamento dentro do grupo de colegas *(peer group)* tem sido reconhecido como um tema fundamental em Psicologia do Desenvolvimento.

Através do contato com os irmãos e colegas, a criança desenvolve em maior ou menor grau uma série de competências ou capacidades necessárias para conviver com outras pessoas de idade e *status* semelhantes.

Podemos citar algumas:

a) Capacidade de se comunicar, tanto de ouvir o outro quanto de se expressar com clareza e adequação.

b) Capacidade de lutar, ser ativo e persistente na defesa das próprias necessidades; aprender a vencer e a perder.

c) Capacidade de perceber as necessidades do outro e respeitá-las; cooperar, agir em grupo.

d) Capacidade de brincar e ter lazer com outras pessoas.

e) Capacidade de lidar com inveja e ciúme de maneira adequada.

f) Capacidade de usar a agressividade de maneira funcional e não destrutiva.

Obviamente, todas essas capacidades estão também se desenvolvendo por intermédio da relação com os pais e outros adultos, mas de maneira diferente; isto porque a relação com adultos é complementar e a relação com outras crianças é em geral simétrica no que se refere a *status*, poder, responsabilidades etc. Crianças com uma boa relação com suas figuras de apego têm maior probabilidade de ter um desenvolvimento social e afetivo adequado com outras crianças de idade semelhante, com conseqüências futuras significativas.

Estudos longitudinais relatados por Cohn documentam conexões entre a qualidade do modelo de apego aos doze meses e a interação social com colegas, anos mais tarde. Diversos autores demonstraram que a segurança do apego, medida quando bebê, está associada a avaliações positivas por parte dos colegas, professores e observadores de pesquisa durante os primeiros cinco anos de vida.

Outro tópico de extrema relevância foi levantado por Sroufe e Fleeson (1988); esses autores relataram que a tendência entre crianças de idade pré-escolar de atormentar e abusar de um colega, ou para ser abusado e vitimizado, tem correlações com o modelo de apego da criança com seus pais.

Crianças com apego seguro não se engajam em abuso e vitimização de colegas nem se deixam vitimizar ou atormentar pelos demais. Crianças com história de apego ansioso evitador têm tendência a se tornarem abusivas, a menos que estejam brincando com um colega que se defenda ou seja mais forte. Crianças com apego ansioso ambivalente são mais vulneráveis e propensas a se tornarem vítimas de abuso. Observações demonstram que o emparelhamento de uma criança com apego ansioso evitador com outra de apego ansioso tanto evitador quanto resistente redundava em vitimização, seja com agressão física, com sarcasmo ou rejeição. Crianças com histórias de evitação internalizam um vínculo com dois pólos, o de abusar e o de ser abusado, e são capazes de exercer os dois. Alguns pares de crianças fazem rodízio na relação sadomasoquista (o que é comum entre alguns casais). Pares de crianças resistente/resistente se caracterizavam pela imaturidade e incompetência social, mas não por vitimização. Pares de crianças segura/resistente freqüentemente redundavam na criança segura assumir uma postura protetora e diretiva.

Concluindo, as crianças com história de terem sido rejeitadas pelos pais passam a rejeitar ou continuam a ser rejeitadas pelos colegas.

Sroufe e Fleeson (1988) demonstraram também a diferença de relacionamento que os professores têm com crianças com diferentes padrões de apego.

Crianças com apego seguro têm relações afetivas e mutuamente respeitosas com os professores, exigem menos controle, precisam de menos proteção e cuidado; seus professores tendem a não abrir exceção para o mau comportamento e tem expectativas elevadas de obediência. Crianças com apego resistente tendem a receber dos professores um nível de controle alto, poucas expectativas de obediência e elevado nível de proteção, tolerância e atenção; esse tratamento confirma a autoimagem de incompetência que essas crianças têm, desenvolvida na relação com os pais. Crianças com apego evitador tendem a receber dos professores nível alto de controle, baixas expectativas de obediência e raiva. Somente crianças com padrão de apego evitador eliciavam raiva por parte dos professores.

Portanto, a relação com os professores recapitulava aspectos significativos da relação com os pais. Essas crianças, já na infância, eliciam, em outras pessoas significativas, atitudes que reforçam a estrutura psíquica já construída.

Main, Kaplan e Cassidy (1985) estudaram o desenvolvimento do apego do primeiro ao sexto ano e encontraram uma estabilidade grande nesse período, ou seja, o padrão de apego aos doze meses persistia sem mudanças na grande maioria dos casos. Ao estudar a interação mãe-filho aos seis anos, Main e colaboradores chegaram às seguintes conclusões quanto ao comportamento das crianças e aos padrões de comunicação verbal:

— Crianças de seis anos com apego seguro tratam os pais de maneira íntima, amorosa, relaxada e espontânea; conversam de modo livre e fluido, expressam afetos, falando sobre temas variados, inclusive pessoais e sentimentais; a criança e a mãe são livres para explorar o que sentem e o que pensam.

— Crianças de seis anos com apego ansioso resistente demonstram insegurança, tristeza e medo e oscilam entre buscar intimidade e agredir os pais de maneira sutil ou explícita. Algumas são autoconscientes *(self conscious)* e com comportamento artificial, tentando parecer boazinhas e charmosas, agradando sedutoramente para não ser rejeitadas; as conversas são fragmentadas, com mudanças súbitas de assunto, como se não fosse permitido falar de certas coisas.

— Crianças de seis anos com apego ansioso evitador mantêm os pais a distância, não buscam intimidade, ignoram as iniciativas paternas, mantendo-se interessadas num brinquedo; as conversas são sempre impessoais, limitadas a alguns assuntos, sem referência a sentimentos.

Essas diferenças marcantes no grau em que a conversa é livre ou restrita são postuladas como sendo de grande relevância para a compreensão das razões que levam uma criança a se desenvolver de forma saudável e outra de forma perturbada (Bowlby, 1989).

6) UMA TEORIA DE INTERNALIZAÇÃO

De acordo com Bowlby (1989), até os três anos de idade o padrão de apego é predominantemente uma propriedade da relação, mas durante o crescimento passa a se tornar cada vez mais uma característica enraizada na personalidade da criança e os dois fatores atuam conjuntamente. Cada modelo, uma vez desenvolvido, tende a persistir, porque:

1) A maneira como os pais tratam a criança tende a permanecer a mesma, a menos que haja uma influência renovadora que venha modificar as circunstâncias desse trato.

2) O modelo, uma vez esboçado, tende a ser autoperpetuante porque leva a criança a agir de maneira que o confirma.

Para qualquer observador atento fica claro que uma criança com apego seguro é mais feliz, menos exigente, não exaure os pais ou outros adultos com demandas contínuas ou excessivas nem os afasta com frieza, portanto é mais bem aceita. Além disso, é clara e não ambivalente ao mostrar seu amor pelos pais e pouco os rejeita; o afeto que demonstra é um poderoso reforço para os sentimentos amorosos dos pais. Por ser otimista e ter expectativas positivas quanto ao mundo, é mais tolerante com as experiências negativas de frustração e rejeição (Montoro, 1982b).

Uma criança com apego ansioso, ambivalente e grudento vive controlando o comportamento dos pais e os sobrecarrega (assim como a outros adultos) com demandas de atenção contínua. É uma criança que choraminga, reclama e raramente parece satisfeita; porque espera sempre ser frustrada, tem baixa tolerância à frustração, é sujeita a medos e fobias variadas (Montoro, 1983b). Ela dá aos pais ou àqueles que dela cuidam uma sensação de que nunca está bem, que o outro é insuficiente; desencadeia sentimentos de incompetência e auto-estima baixa naqueles que a amam, assim como reações de impaciência e rejeição.

Uma criança ansiosa e evitadora tende a ser distante e rejeitar as proximidades amorosas dos outros; pede pouco ou de forma incoerente, portanto recebe pouco e mantém-se carente. Não desperta sentimentos amorosos porque também não os demonstra, não mostra alegria ao ser amada porque também não acredita em ser amada. Por não receber empatia, não tem empatia pelos outros, sendo freqüentemente implicante e agressiva com outras crianças e estimulando a rejeição.

Nos dois modelos de apego inseguro, o comportamento habitual da criança tende a estimular respostas desfavoráveis por parte dos pais, professores e outras crianças; mais tarde, de outros adultos e colegas; como decorrência, se estabelece um círculo vicioso.

À medida que a criança cresce, o padrão de apego vai se internalizando, ou seja, vai se tornando uma propriedade da personalidade da criança, que tende a ser imposto a todas as relações; com o passar do tempo, diminui a flexibilidade ou permeabilidade do modelo a novas experiências.

A partir do primeiro ano de vida o comportamento de apego passa a ser mediado por sistemas comportamentais cada vez mais complexos, que se organizam ciberneticamente e incorporam modelos representacionais do *self* e do mundo.

O termo *internal working model*, criado por Bowlby, pode ser traduzido por modelo representativo internalizado ou modelo funcional internalizado. De acordo com Belsky, "modelos representativos internalizados são definidos como representações mentais, carregadas de afeto, do *self*, do outro e da relação, derivadas de experiências interacionais, as quais funcionam (fora da percepção consciente) dirigindo a atenção e organizando a memória de maneira que guia o comportamento interpessoal e a interpretação da experiência social".

Esses modelos, por serem filtros de percepção e organizadores da experiência, resistem a mudanças; o indivíduo é ativo na interpretação do mundo e existe a tendência a assimilar informação dentro dos mapas prévios. Informações inconsistentes tendem a ser descartadas ou reinterpretadas, em vez de causar transformações nos modelos.

Um modelo representacional seguro pressupõe que o sujeito perceba a si próprio não só como merecedor mas também capaz de conseguir apoio e conforto quando sentir necessidade, e que perceba o outro como psicologicamente disponível e receptivo.

Por outro lado, um modelo representacional inseguro (tanto do tipo evitador quanto do tipo ansioso/ambivalente), pressupõe que o sujeito antecipe rejeição ou atendimento inconsistente por parte das figuras de apego, e que tenha uma auto-imagem marcada por baixa auto-estima, pouco valor ou pouca eficiência para conseguir o apoio e a atenção desejados.

Kobak e colaboradores (1993) argumentam que a pessoa com modelo seguro, quando tem o sistema de apego ativado, usa estratégias primárias e criativas de busca de proximidade e conforto; as pessoas com modelos inseguros usam estratégias secundárias, defensivas, de hiperativação ou desativação do sistema de apego. Aquilo que consideramos apego ansioso/ambivalente corresponde a uma hiperativação do sistema; nesse caso, ocorre a manifestação exagerada do apego, tanto na freqüência quanto na intensidade das respostas, na medida em que o modelo representacional internalizado pressupõe que as figuras de apego tendam a falhar, e que é necessário um imenso controle e ativação total do sistema para conseguir um nível mínimo de segurança julgado apropriado. Aquilo que chamamos de apego evitador corresponde a uma desativação do sistema, na medida em que o modelo representacional internalizado pressupõe a não disponibilidade ou rejeição por parte da figura de apego e, portanto, uma inutilidade de ativação do apego, a qual só traria sofrimentos que podem ser contornados pela evitação.

Uma vez desenvolvidos, os modelos representacionais têm uma função heurística, na medida em que servem de guia para ações e planos de como se comportar nas relações afetivas de maior importância; portanto, para serem eficientes, deverão estar ajustados à realidade atual.

7) COMUNICAÇÃO ABERTA E REVISÃO DE MODELOS

A experiência clínica em terapia familiar, assim como estudos sobre relações pais-filhos, tem mostrado uma correlação positiva entre comunicação aberta e construção de um modelo seguro. Uma variável interveniente em questão é que a comunicação aberta possibilita a contínua revisão e atualização dos modelos. Famílias que promovem apego seguro permitem conversação livre sobre assuntos desagradáveis, assim como expressão de emoções negativas que tem como objetivo conseguir respostas de apoio e conforto. Em contraste, a criança com apego inseguro quase sempre aprendeu desde cedo que emoções negativas são ineficientes para obter as respostas necessárias e tende a inibir ou a exagerar a expressão dessas emoções (raiva, desespero, choro, medo, insegurança, ciúme). Essa tendência leva, tanto na infância quanto na idade adulta, à expressão inadequada de emoções (tanto na intensidade quanto na qualidade do afeto), podendo provocar respostas negativas e desfavoráveis dos outros envolvidos nas relações, agravando o círculo vicioso, perpetuando expectativas negativas sobre o *self* e o outro. Além disso, modelos inseguros estão associados a padrões de comunicação que impedem ou dificultam a revisão dos próprios modelos.

III - Aplicações Clínicas

1) A INTERVENÇÃO NA RELAÇÃO PAIS-BEBÊ

Em minha prática clínica, com terapia conjugal e familiar, a intervenção na relação pais-bebê vem sendo, em nível subjetivo, o mais gratificante e produtivo de todos os trabalhos, pela amplitude de seus efeitos profiláticos.

Sem dúvida, a compreensão teórica e clínica da Teoria do Apego tem sido o instrumento que mais me capacitou a ajudar os inúmeros pais que me procuraram, motivados pelas dificuldades vividas por seus filhos pequenos.

Um bebê nos dois primeiros anos de vida pode apresentar

inúmeros problemas de ordem física e psicológica, que normalmente aparecem combinados. Problemas de alimentação, sono, choro excessivo, raiva e evitação da mãe ou pai, irritabilidade excessiva, apatia etc.

Esses problemas costumam provocar enorme ansiedade nos pais, mais freqüentemente na mãe, e essa ansiedade é a matéria-prima que os mobiliza a fazer alguma coisa, a investigar o que está acontecendo e a se disporem a uma transformação no papel de pais. Muitos nessa hora procuram terapia de família encaminhados pelo pediatra, que é o único profissional que tem acesso a essa faixa etária, já que a maior parte dessas crianças ainda não está na escola. Alguns pais procuram atendimento psicológico motivados pelas dificuldades do bebê e pela percepção clara ou difusa de que algo está errado na maneira como estão interagindo com seu filho. Muitos desses pais, mais freqüentemente as mães, desejam entender seus sentimentos em relação ao filho, um tipo de sentimento que acham que não deveriam sentir, e por que estão agindo de maneira que acham que não deveriam agir. Desejam ser diferentes. Sentir e agir de outro modo.

Em minha experiência há dois fatores básicos na família que contribuem para a emergência do bebê problema e difícil; cada um deles pode aparecer sozinho, mas o mais comum é que apareçam em interação.

O primeiro deles, e o mais freqüente, é um sistema familiar no qual a mãe tem deficiências marcantes em suas capacidades de cuidado materno. É uma mãe ou pouco sensível ou pouco disponível, que não consegue ser eficiente em prover continência e segurança para seu bebê. Digo uma mãe, e não um pai, porque as deficiências no papel de pai-que-cuida podem passar despercebidas nessa idade, se não houver outros conflitos conjugais e se a relação amorosa do casal estiver funcionando bem; quando muito, a mãe reclama de omissão paterna, se queixa do peso sobre seus ombros, mas se estiver se sentindo amada pelo marido assume a carga, e os problemas no relacionamento pai-filho só vão aparecer mais tarde.

O segundo deles é a existência de conflitos conjugais explicitados ou inconscientes, que produzem uma relação amorosa pobre, insatisfatória ou destrutiva. Os cônjuges, sentindo-se frustrados ou mal-amados porque não circula uma energia de Eros no vínculo, não têm forças nem desejo amoroso para o papel de pai e mãe, que exige doação e sacrifício. Consciente ou inconscientemente se ressentem do filho, que demanda energia e dedicação, ou que acorrenta os cônjuges um ao outro; nos casos de mães solteiras ou recém-separadas, esse fator pode estar agravado.

Esses dois fatores, como foi dito, freqüentemente aparecem interagindo um com o outro: além disso, não são privativos de casais com bebês; podem existir em diversos pontos do ciclo vital familiar, mas quase sempre se fazem acompanhar de sintomas quando a criança é muito pequena.

O primeiro caso, da mãe com deficiências de cuidado materno, pode ter diversas origens. O mais freqüente é a mãe ter vivenciado distúrbios no apego com seus próprios pais, por exemplo, falta de sintonia e/ou carência. Inúmeros casos de mães seriamente incapacitadas no cuidado com seus bebês remetem a antecedentes de orfandade (concreta ou simbólica), mães ou pais psicóticos, com distúrbios graves de personalidade, ou seriamente deprimidos, mães abandonadas pelos maridos e que se desestruturaram com isso, mães com forte rivalidade edipiana com a filha etc.

Mesmo nessa primeira categoria, quando a deficiência de cuidado é mais da mãe do bebê do que do pai, é preferível trabalhar com o casal e a família, ao menos por um certo tempo — se necessário, depois encaminhar a mulher para terapia individual. Isso porque a deficiência da capacidade de cuidar dos filhos não é um problema pessoal só da mãe, pertence e interage com todo o sistema familiar. Para trabalhar esses conflitos e elaborá-los são necessários a compreensão e o apoio do marido, nas funções de cônjuge-amante, cônjuge-que-cuida, cônjuge-que-discrimina, assim como na função de pai que cuida e protege a criança. A presença da(s) criança(s) na sala de terapia também fornece elementos valiosos dos quais não podemos prescindir.

O trabalho clínico com famílias cujas mães não conseguem exercer com sensibilidade e eficiência a função materna implica sempre entender como a pessoa percebe a própria vivência do sistema de apego na infância, e como o percebe no presente; nela própria, no cônjuge, no filho; como se manifesta, quão importante é, como suprir essas necessidades etc.

Grossmann e colaboradores (1988) estudaram a dinâmica de transmissão de comportamento materno, relacionando o padrão de apego das crianças com as atitudes que suas mães revelavam para com a importância do apego na infância. Relataram que as mães que tinham uma memória viva e rica de sua infância e de suas relações de apego com seus pais eram mais sensíveis e disponíveis para com seus filhos, proporcionando condições para o desenvolvimento de um apego seguro às crianças.

Muitas dessas mães tiveram pais sensíveis e disponíveis e internalizaram inconscientemente um modo adequado de cuidar de seus filhos. Outras tiveram infâncias infelizes e mau relacionamento com seus pais, mas o fato de lembrarem e valorizarem o que aconteceu permite uma elaboração que possibilita a quebra da transmissão automática do padrão; tornam-se então capazes de proporcionar um cuidado melhor para seus filhos.

Mães que não valorizavam ou não se lembravam do relacionamento com seus pais na infância, ou mães que tinham relatos confusos, incoerentes ou idealizados, tinham maior probabilidade de terem filhos com padrão de apego inseguro. Essa pesquisa traz fundamentos empíricos para o procedimento clínico usual de trabalhar a história de vida dos pacientes, enfatizando seu papel de filho e seus sentimentos em relação a seus pais, como condição necessária para obter uma transformação no papel de mãe ou pai.

O segundo quadro freqüente na prática clínica de famílias com bebês problemas é o de casais enfrentando fortes conflitos conjugais, frustrações ou complementaridade seriamente destrutiva. O grau de consciência dos problemas vivenciados pode ser variável; alguns chegam na terapia já sabendo quão miseráveis se sentem, outros, nem tanto.

Um casal muito infeliz freqüentemente coloca muita energia, tempo interno (fantasias, raivas) e externo (tentativas de se relacionar, geralmente repetitivas e fracassadas) no relacionamento. Não sobra energia criativa e tempo saudável para a criança.

Ao contrário do que poderia se pensar, um casal que vive harmoniosamente não gasta tanto tempo um com o outro; não passa o dia todo invadido conscientemente por seus problemas ou pela felicidade de seu relacionamento. Exatamente porque tem confiança de que o outro está lá, e que o relacionamento é maduro e compensador, pode dedicar sua energia a vários papéis. Quando estão juntos, a vida flui entre os dois e é satisfatória e alimentadora.

Um casal infeliz muitas vezes vive inundado pelo seu relacionamento através das frustrações e carências que ele provoca. Mesmo que não gaste muito tempo com tentativas de se relacionar, e se refugie por evitação nos papéis de mãe ou no trabalho profissional, a infelicidade entre os dois invade o psiquismo como um buraco negro que engole material psíquico de outros papéis.

O bebê, ou a criança, pode ser prejudicado por falta de sintonia, abandono, rejeição ou pelo uso defensivo da relação mãe-filho, no caso de mães que sufocam os filhos porque fazem deles um substituto compensatório para outras frustrações da vida.

O filho pode ainda ser afetado porque se torna o depositório das partes não vividas ou reprimidas dos pais. Esse último tema tem sido muito desenvolvido por várias correntes de terapia familiar. Jung, que eu saiba, foi um pioneiro absoluto na elaboração dessas idéias, e o fez com tanta clareza e propriedade que a ele recorro para concluir: "o que geralmente tem o mais forte efeito psíquico na criança é a vida que os pais... não viveram. Para colocá-lo com rudeza, é aquela parte da vida da qual eles sempre escaparam, provavelmente por meio de uma mentira virtuosa. Isto semeia os germes mais virulentos" (1931, pág. 43).

Em outro texto, a respeito de uma criança com problemas: "O tratamento na verdade deveria ter começado com a mãe, ou melhor ainda, com as relações entre pai e mãe. Penso que uma compreensão consciente abrangente da situação e de suas conseqüências teria tido um efeito salutar. Compreensão consciente previne a atmosfera imensionável, a falta de indícios generalizada, a desconsideração completa do objeto perturbador; resumidamente, impede o conteúdo doloroso de ser reprimido. ... Os problemas reprimidos e o sofrimento assim fraudulentamente evitado secretam um veneno perigoso, o qual se infiltra na alma da criança através dos sepulcros caiados da falsidade, complacência e evasão. A criança fica exposta de maneira indefesa às influências psíquicas dos pais" (1924, págs. 78/79).

2) CONFIGURAÇÃO DE APEGO E COMPLEXO DE ÉDIPO

Um triângulo clássico edipiano exacerbado quase sempre é constituído por um menino com apego ansioso/ambivalente com a mãe, a qual não consegue transmitir segurança e limites à criança (portanto, não facilita o desenvolvimento da independência e da autonomia), e um pai omisso que abandona o menino à mãe. Este pai não ajuda o filho a se separar da mãe porque não se oferece como uma figura de apego alternativa, que transmita segurança; portanto, esse pai também não facilita a aquisição da identidade masculina, na medida em que não é participante o bastante para ser modelo de identificação. Muitas vezes ataca destrutivamente a relação íntima e possessiva entre mãe e filho e só usa a disciplina de maneira castradora. Não é capaz de fecundar seu filho com sementes de *Logos*, discriminação, ordem e competência fálica necessárias ao bom desenvolvimento do psiquismo masculino.

Muitos casos de homossexualidade masculina com os quais

tive contato na vida pessoal, ou como analista ou supervisora, tinham esta configuração familiar: pai omisso e mãe e filho envolvidos num padrão ansioso ambivalente. As características ansiosas e grudentas do filho com a mãe causam, além de ciúme no pai, também uma decepção de ter um menino maricas; alguns pais são capazes de usar o mal-estar que sentem com a situação como alavanca para penetrar criativamente na relação mãe-filho, conquistando um terreno afetivo e assim construindo um espaço masculino e amoroso que propicia o desenvolvimento da identidade masculina do menino. Outros pais abandonam o território (tanto paterno quanto conjugal), deixando o filho à mercê da mãe; esta vai se tornando cada vez mais devoradora, na medida em que, conjugalmente abandonada, usa o filho simbolicamente como amante.

Um quadro talvez ainda mais grave seja o do menino com padrão evitador, que além de reprimir o apego com a mãe, ainda é abandonado e rejeitado pelo pai; esse fica predisposto às piores carências, à não aprendizagem da empatia e provavelmente ao desenvolvimento de atitudes sádicas contra outros seres humanos. Devemos ainda lembrar que meninos de padrão evitador e frio muitas vezes não são percebidos como problema porque se confortam dentro da expectativa cultural de pouca expressividade emocional para o sexo masculino.

Em outro tipo comum de triângulo edipiano exacerbado, a relação entre mãe e filha é fria e não amorosa; a criança desde a primeira infância reprime seu apego com a mãe por medo de rejeição; o pai percebe a situação e se aflige com a frieza da filha, que é contra a expectativa cultural; se aproxima da filha, lhe dá atenção, tanto para compensá-la quanto para se compensar dos problemas conjugais; então provoca ciúme na mulher, que ataca e rejeita mais a filha, e o círculo vicioso se agrava.

Concluindo, acho praticamente impossível a existência de problemas edipianos graves sem a existência de um padrão de apego inseguro entre a criança e o progenitor do mesmo sexo. Em minha prática de terapia familiar, sempre abordei esse tipo de configuração, tentando inicialmente desequilibrar o equilíbrio existente, promovendo algum tipo de proximidade amorosa entre a criança e progenitor rival, às vezes até antes de investir o foco terapêutico na relação entre a criança e o progenitor com envolvimento simbolicamente incestuoso. Acredito que é muito mais difícil conseguir sucesso trabalhando só ou primordialmente a dupla simbiótica e infinitamente mais rápido e eficiente investir no envolvimento do progenitor excluído com seu filho(a) rival.

Refletindo sobre o por que disso, me ocorre que, nesses casos, em geral há graves problemas subjacentes no relacionamento marital, mas que nem sempre os cônjuges o admitem ou tem consciência, e muitas vezes não estão dispostos a investir energia no vínculo conjugal no início de uma terapia familiar. Também há um superenvolvimento compensatório e incestuoso na dupla edipiana, a qual resiste fortemente a qualquer tentativa de separação feita pelo terapeuta. O cônjuge excluído ou rival, por mais omisso, agressivo ou pouco cooperativo que seja, no fundo é um progenitor e um cônjuge frustrado, e é possível fazer uma aliança terapêutica com seu desejo de ser incluído e amado; em minha experiência, nos casos de patologia mais severa, é mais provável no início conseguir um investimento amoroso na relação desse cônjuge com a criança do que conseguir um investimento amoroso na relação conjugal. A melhoria das condições de apego entre o progenitor e o filho rival também vem de encontro às necessidades da criança de ser amada por pai e mãe, que é arquetípica e natural; ter uma relação simbiótica e incestuosa com um só progenitor é um mecanismo de defesa compensatório contra a frustração de não poder ter direito a amar e ser amado por pai e mãe.

3) DESVIOS NOS PADRÕES DE APEGO E TERAPIA FAMILIAR.

Muitos pais procuram atendimento psicológico por iniciativa própria ou por indicação da escola ou de outro profissional, motivados por uma série de problemas apresentados por seus filhos nos anos médios e finais da infância.

Sintomas emergentes de um padrão de apego ansioso ambivalente costumam incomodar muito, porque a hiperativação do apego em si só é espaçosa, requer atenção contínua, cansa e exaure os pais, além de preocupá-los.

Um sintoma típico é a criança que não desgruda da mãe e é propensa a vários tipos de ansiedade de separação. Essa criança não vai a festas sozinha, não vai brincar na casa de amigos, não aceita dormir fora de casa. Em quase todos os quadros de ansiedades e medos aumentados, assim como de fobias variadas, existe um padrão subjacente inconsciente de apego ansioso.

No livro *Separação - Ansiedade e Raiva,* Bowlby analisa cuidadosamente as condições que predispõe um indivíduo a se tornar mais suscetível à ansiedade generalizada, medos variados ou fobias específicas. Segundo ele, o medo se manifesta em diversas espécies, em geral sob dois aspectos: fugir DE um objeto amedrontador e fugir PARA perto da proximidade segura de uma figura de apego. A variabilidade individual a sentir medo frente a determinadas situações depende de dois tipos de circunstâncias que podem se somar e interagir. A primeira refere-se à experiência da pessoa com os estímulos que causam medo; por exemplo, uma criança que foi mordida por um cachorro ou viu o irmão ser mordido e teme cachorros. A segunda é a incerteza sobre a disponibilidade da(s) figura(s) de apego.

Como regra geral, a primeira leva a uma suscetibilidade específica, a uma situação específica, ao passo que a segunda leva a uma predisposição geral para responder com medo a um conjunto amplo de situações ou à vivência de ansiedade difusa e generalizada.

Na presença de uma companhia confiável, o medo de situações de todos os tipos diminui; quando, ao contrário, uma pessoa está sozinha, o medo de situações de todos os tipos é aumentado.

Bowlby demonstra que um indivíduo (adulto ou criança)

com apego seguro tem menor predisposição a ansiedades e medos crônicos ou agudos do que indivíduos com apego inseguro. Das várias propostas derivadas da Teoria do Apego, essa tem sido para mim uma das que possui maior utilidade na prática clínica; nunca encontrei uma criança ou adulto fóbico que não tivesse outros correlatos e sintomas de apego inseguro, mais freqüentemente, mas não só, do tipo ansioso/ambivalente.

Com crianças pequenas, medos e ansiedades de diversos tipos diminuem ou desaparecem em semanas, quando os pais conseguem entender o que se passa e são capazes de se mostrar mais disponíveis e receptivos para com as demandas naturais de proximidade e afeto da criança, que por vezes se expressa SÓ através dos sintomas fóbicos ou de ansiedade aumentada. Um número enorme de crianças apresenta níveis variados de fobia escolar; normalmente, a atitude de bom senso por parte dos pais é a de procurar o que está errado na escola; na maioria dos casos essas crianças têm ansiedade de separação da(s) figura(s) de apego; pode-se mudar de escola muitas vezes, mas, enquanto a ansiedade subjacente não for tratada através de mudanças práticas no relacionamento pais-filhos, os sintomas fóbicos não se abrandam. Quando muito, ficam mascarados.

Em toda minha experiência clínica não me lembro de um caso de fobia escolar generalizada que não cedesse com a melhora das condições de vinculação afetiva com os pais. O que possibilita à criança separar-se e enfrentar o mundo é uma crença inconsciente de que pode afastar-se, porque tem para onde voltar, e em caso de necessidade, terá com quem contar. Por outro lado, também nunca vi quadros fóbicos que cedessem significativamente sem uma mudança na percepção que a criança tem da disponibilidade afetiva de suas figuras de apego; sem isso, quando muito temos uma substituição de sintomas, ou seja, a melhoria de uma fobia com o aparecimento de outra ansiedade aumentada.

Além do mais, como os sistemas de apego e de exploração do meio são antagônicos, ou seja, um inibe o outro, muitas dessas crianças passam a apresentar problemas de aprendizagem; por estarem freqüentemente com o apego ligado, não se concentram o suficiente para conhecer a realidade a sua volta e aprender.

Uma criança com apego seguro tem uma confiança internalizada inconsciente de que, em caso de necessidade, tem com quem contar, alguém a socorrerá; isso faz com que enfrente situações de desafio e perigo moderado com coragem e autoconfiança.

A maior parte das crianças pequenas se ressente de separações ou ameaças de separação das principais figuras de apego. Freqüentemente, viagens longas dos pais, quando a criança tem entre um e quatro anos, ou mesmo mais tarde, costumam deixar um rastro de sintomas de insegurança afetiva, tais como medo da escola, aumento do medo de escuro, resistência a sair de casa sem os pais etc., além dos sintomas iniciais de ambivalência ou evitação da figura de apego. É claro que os efeitos de uma separação por viagem irão incidir sobre os modelos representacionais da realidade já internalizados pela criança; poderão ser graves em uma criança já com modelo inseguro, ou leves e fáceis de superar numa criança com modelo seguro.

Uma influência que costuma ser desastrosa, mas que é bastante comum, é a ameaça de separação ou abandono usados como meio de disciplina. Inúmeras mães, quando exasperadas com desobediências, mau comportamento ou excesso de demandas infantis, dizem que não agüentam mais e ameaçam ir embora, culpando a criança pelo fato de merecer ser abandonada. Esse tipo de ameaça pode ser uma bomba com efeitos de longo alcance, que desencadeia um comportamento contínuo de controle da mãe, além de forte ambivalência, especialmente em famílias onde já houve separação dos pais (um já se foi) ou existem brigas entre o casal, evidenciando a probabilidade de rompimento. Tudo isso é muito comum e freqüente. É humano que os pais às vezes se descontrolem e falem bobagens; o efeito pode ser facilmente corrigido com uma admissão do nervosismo, um pedido de desculpas e medidas para reassegurar à criança de que é amada e não será abandonada. Muitos pais, entretanto, tem uma auto-imagem tão frágil que nunca reconhecem erros, ou se sentem culpados e defensivamente negam terem feito tais intimidações. Outros, talvez por terem sido criados debaixo de tais ameaças, usam-nas constantemente de maneira sádica como um meio desesperado e ineficiente de controle. O efeito é que, quanto mais insegura está a criança, mais ansiosa e mais ambivalente ficará em relação a seus pais, atormentando-os com hostilidade, demandas absurdas e baixa tolerância frente a qualquer frustração.

Acho muito importante enfatizar este ponto, porque a prática clínica com crianças tem sido extremamente influenciada pela hipótese kleiniana de que fobias correspondem à própria agressividade da criança projetada no mundo exterior. A proposta de que a ansiedade nasce a partir do funcionamento do instinto de morte dentro do organismo é percebida como medo de aniquilação (morte) e toma a forma de medo de perseguição (Klein, em Bowlby, 1973) é um dos alicerces da ludoterapia kleiniana. Bowlby considera a agressividade excessiva e destrutiva em crianças como sendo secundária, e não primária, em sua origem.

Os sintomas de desativação do sistema de apego (evitação), fruto de rejeição ou carência crônicas muitas vezes não aparecem na clínica a não ser que sejam acompanhados de aumento evidente de comportamentos agressivos por parte da criança, que chamam atenção na escola e no lar.

A criança com desligamento parcial do sistema de apego às vezes é fria e arredia, mas não incomoda muito, a não ser por ocasionais momentos de descontrole. Freqüentemente, a mãe também é um adulto com padrão evitador, que não valoriza a importância da ternura e da ligação afetiva mãe-filho. Muitas vezes as famílias procuram terapia preocupadas com um filho e absolutamente despreocupadas com outro (com apego evitador), que parece estar ótimo e que na realidade está em muito pior condição psicológica do que o paciente identificado, o qual ao menos pede ajuda de maneira mais evidente através de seus sintomas.

É mais comum que essas crianças chamem a atenção pela agressividade aumentada, especialmente em meninos. Os pais com o tempo vão se preocupando com as explosões de hostilidade destrutiva e sem causa aparente contra os irmãos, outras crianças e adultos. A escola, impotente, cobra atitudes ou uma terapia. Os casos mais graves são constituídos por crianças arredias e difíceis, que parecem inacessíveis a tentativas de contato.

Não raro, ficamos chocados ao constatar, em sessões de terapia familiar, os níveis de agressividade súbita, cruel e sem causa aparente que algumas crianças são capazes de ter com os irmãos menores; é chocante também como os pais nessa hora são ineficientes para colocar limites; ou ignoram a destrutividade do filho, ou fazem reprimendas ineficazes ou atuam de maneira punitiva, violenta e cruel, incapazes de contenção, o que só agrava o círculo vicioso. É chocante também perceber como o irmão menor, quase sempre uma criança frágil e com apego ansioso ambivalente, atua de maneira complementar, compulsivamente, atiçando ou não se defendendo, como se sua maneira de existir na vida fosse ser vitimizado. Acredito que a maioria dos quadros de sadismo e masoquismo na vida adulta tenham origem em distúrbios graves do apego na infância.

Em minha experiência clínica, a maior parte dos problemas de crianças pode ser trabalhada SEM terapia da criança, só com a terapia familiar. Quase todos os pais que chegam até a clínica tem um enorme desejo de ajudar seus filhos de alguma maneira; em geral o conseguem, quando tomam consciência do que está ocorrendo, e de como estão reeditando inconscientemente seus problemas de infância, sendo então capazes de empatia e continência.

Acredito que é comparativamente mais fácil lidar com os quadros graves onde há um modelo representacional da realidade ansioso/ambivalente do que do tipo evitador. Os sintomas de hiperativação do apego costumam estar mais próximos da compreensão consciente do cliente do que os sintomas de desativação do apego, que são acompanhados de uma defesa casamata de desconfiança, terror à intimidade e hostilidade; nesses casos, a própria idéia de terapia já é em si ameaçadora, pela situação de proximidade que lhe é implícita.

4) PSICOTERAPIA E REVISÃO DE MODELOS

Todas as formas conhecidas de psicoterapia se dedicam, em maior ou menor grau, a ajudar o cliente a efetuar revisões em seus modelos de funcionamento do mundo e do *self*.

Acredito que o conceito de experiência emocional corretora refere-se a uma experiência que pode ser processada a ponto de modificar um modelo ansioso no sentido de torná-lo mais seguro; essa transformação demanda uma experiência de tal ordem (pela força e/ou pela persistência da vivência) que implica uma nova percepção de si próprio como alguém que pode se apoiar no parceiro e de um parceiro como psicologicamente disponível. Toda experiência emocional corretora, seja através de uma terapia ou de uma experiência amorosa de algum tipo, implica mudanças na avaliação do *self*, do outro e da possibilidade de relacionamento, ou seja, da desconstrução e construção de novos modelos.

Bowlby (1989) chama a atenção para a importância de uma comunicação aberta para efetuar a revisão de modelos. O tema da comunicação aberta e adequada é um fator muito importante, responsável pelo grau de saúde ou patologia nas famílias, conforme depoimento unânime de todas as escolas de terapia familiar.

Em toda terapia de vínculos, seja ela de casal ou de família, o terapeuta promove a comunicação aberta ao perguntar a opinião de cada um sobre assuntos relevantes que possam ser considerados tabu ou não livremente conversados. O terapeuta não só escuta com atenção, interesse e respeito o que cada um tem a dizer, como, se necessário, bloqueia interrupções ou tentativas de desqualificar a mensagem de algum membro que se expressa. A atitude do terapeuta de perguntar e de ouvir em geral é radicalmente diferente da atitude dos pais dos clientes com comunicação bloqueada, que proibiam ou puniam a livre expressão de afetos e desejos; alguns clientes, especialmente aqueles de modelo evitador, filhos de pais que reprimiam toda investigação de mundo interno e expressão de demandas afetivas, aprendem, só na terapia, a explorar e revelar o que sentem.

Acredito que todo esse processo de livre comunicação, que possibilita a revisão dos modelos, é extremamente mais complexo, mais delicado e ao mesmo tempo infinitamente mais produtivo e multiplicador em terapia de casal e de família. Isso porque quase sempre há barreiras ou assuntos tabus entre os cônjuges ou entre pais e filhos; o terapeuta precisa saber dosar gradativamente a entrada nos temas que não estejam abertos para revisão, sob pena de provocar um abandono da terapia ou vivências de intensa ameaça e conseqüente defesa por parte de um ou mais membros da família. Famílias que promovem modelos inseguros, seja do tipo ansioso/ambivalente, mais notadamente do tipo evitador, com freqüência têm pais inseguros que não suportam ouvir queixas dos filhos sem se sentir ameaçados e sem entrar em processos defensivos que significam um aumento de rejeição, ou críticas aos filhos, o que então reforça o círculo vicioso. Os filhos recebem a mensagem: "se você me critica, eu não te amo".

O incentivo que o terapeuta faz com a livre comunicação e revisão dos modelos deverá estar muito bem ancorado no vínculo que tem com cada membro da família, assim como na aliança que faz com a autoridade dos pais e no reconhecimento do desejo que estes têm de ser os melhores pais possíveis.

Aliança com a autoridade dos pais não significa endossar cega ou sedutoramente todos os seus atos; significa o reconhecimento de que os pais não podem ou não devem se omitir no exercer de suas funções; precisam de força e às vezes de apoio para tanto. Acredito que o terapeuta deva ser um aliado no desejo que eles têm de desenvolver melhor essas funções; nunca deve ser um rival, um substituto ou um especialista que desmoraliza os pais na frente de seus filhos com a exibição de suas próprias competências.

Também acho prudente e útil partir do pressuposto de que os pais desejam sempre ser bons pais e manter esse pressuposto até os limites do possível. O trabalho de terapia familiar com temas não vividos, reprimidos, permite a retomada da criatividade e espontaneidade nas relações familiares, de tal maneira que os pais desenvolvem novas estratégias mais eficientes. Supor a existência de uma boa intenção, desde o início, não só é um bom ponto de partida ideologicamente quanto uma boa técnica que facilita a construção da aliança terapêutica com os pais e com os filhos.

Os filhos, mesmo em famílias com alto nível de conflito, tem sempre grande lealdade, consciente e inconsciente, a seus pais (Boszormenyi-Nagy, 1981); a não ser em casos de pais altamente psicóticos e destrutivos, acredito que a função do terapeuta é ajudar a melhorar as relações pais-filhos, não rompê-las.

As atitudes dos pais podem ser reconhecidas como improdutivas, ineficientes ou com efeito destrutivo, mas sua função primordial não pode ser atacada, sob pena de desestruturar a família e/ou perder os clientes prematuramente por erro técnico do terapeuta.

IV - CONCLUSÃO

Devido aos limites impostos pelo espaço deste artigo, minha ênfase foi na apresentação de dados relativos ao Desenvolvimento da Criança e como este processo é afetado pelas relações familiares.

É claro que a relação mãe-criança ou pai-criança não ocorre num vácuo, mas sim interage com todos os elementos e subsistemas do sistema familiar mais amplo. Este, por sua vez, é afetado por representações mentais construídas no passado, ou seja, pelas famílias de origem e pela história de vida dos progenitores da criança; é afetado também pelas representações mentais sobre o futuro. A qualidade do cuidado parental oferecido a uma criança é influenciada ainda por inúmeras variáveis externas à família (por exemplo, a situação sócio-econômica e cultural), assim como internas ao sistema (por exemplo, a qualidade da relação conjugal). Da mesma maneira, as características de uma criança atuam sobre todos os membros da família e afetam o sistema como um todo. Entretanto, é inegável que o modo como um bebê ou criança pequena são tratados por seus pais ou substitutos fornece os alicerces da construção de sua personalidade; qualidades que de início pertencem a um vínculo, com o passar do tempo se tornam propriedade de um indivíduo, não tão facilmente passíveis de desconstrução e reconstrução. Há uma enorme diferença de poder e responsabilidade entre pais e crianças e não podemos agir, enquanto terapeutas, de maneira dissociada do aspecto ético inerente à questão.

Minha opinião é que, quando lidamos com famílias com crianças pequenas, é necessário assumir uma posição de cibernética de primeira ordem em muitos momentos da prática da terapia familiar.

Minuchin (1991), num artigo que aponta os limites do construtivismo, lembra os perigos tanto da negação da legitimidade do conhecimento específico quanto do desenvolvimento de uma tecnologia de intervenções politicamente corretas para evitar o aparecimento do controle por parte do terapeuta; segundo ele, o poder permanece existindo, invisível e não examinado.

O dados advindos da Teoria do Apego, por um lado, reforçam e demonstram a tese construtivista de que a realidade conforme a vemos é criada em nossas relações com outros seres humanos. Mas, por outro lado, como afirma Minuchin (1991), "mesmo se assumirmos, com os construtivistas, que a realidade é criada através de consenso com outras pessoas significativas, que os membros da família partilham histórias que não só refletem mas definem e dão significado para sua própria experiência, e que suas histórias tendem a ser autoreforçadoras, disso não se deriva que a terapia seja só uma questão de inventar histórias novas e melhores..." (p.50)

A terapia familiar acumulou, ao longo de três décadas, uma série de técnicas de intervenção que podem e devem ser usadas com flexibilidade, eficiência e criatividade.

No caso de famílias em que os pais estejam usando seu poder de maneira abusiva e destrutiva sobre as crianças, não vejo motivo pelo qual o terapeuta não deva tentar usar o poder que detém para contrabalançar este efeito.

BIBLIOGRAFIA

AINSWORTH, M.D.S. *Infancy in Uganda: Infant Care and the Growth Of Love.* Johns Hopkins University, Baltimore, 1967.

— "Attachment: Retrospect and Prospect", in PARKES, C.M. e STEVENSON-HINDE, J. (eds.) *The Place of Attachment in Human Behavior,* Basic Books, New York, 1982.

AINSWHORTH, M.D.S. e BELL, S.M. "Some Contemporary Patterns in the Feeding Situation", in AMBROSE, A. (ed.) *Stimulation in Early Infancy,* Academic Press, London, 1969.

AINSWORTH, M.D.S.; BLEHAR, M.C.; E. e WALL, S. "Patterns of Attachment", in *A Psychological Study of the Strange Situation,*Erlbaum, Hillsdale-NJ, 1978.

BELL, S.M. e AINSWORTH, M.D.S. "Infant Crying and Maternal Responsiveness", in *Child Development,* 43, 1171-1190, 1972.

BELSKY, J. e PENSKY, E. "Developmental History, Personality and Family Relationships: Toward an Emergent Family System", in HINDE, R.A. e STEVENSON-HINDE (eds.) *Relationships within Families, Mutual Influences,* Clarendon Press, Oxford, 1986.

BOSZORMENYI-NAGY, I. "Contextual Family Therapy", in Gurman e Knislern. *Handbook of Family Therapy,* Brunner/Mazel, New York, 1981.

BOWLBY, J. "Maternal Care and Mental Health". Word Health Organization Monograph, serial nº 2, 1951.

— "Attachment and Loss". *Attachment.* Basic Books, vol. I, Inc. Publishers, New York, 1969.

— "Attachment and Loss". *Separation: Anxiet and Anger.* Basic Books, vol. II, Inc. Publishers, New York, 1973.

— "Attachment and Loss". *Loss: Sadness and Depression.* Basic Books, vol. III, Inc. Publishers, New York, 1980.

— *Uma Base Segura.* Artes Médicas, Porto Alegre, 1989.

BRETHERTON, I. "The Origins of Attachment Theory. Bowlby, J. and Ainsworth M.", in *Developmental Psycology*, 28, nº 5, 1992.

BRODERICK, C.B. e SCHRADER, S.S. "The History of Professional Marriage and Family Therapy", in GURMAN, A.S. e KNISKERN, D.P. (eds.) *Handbook of Family Therapy*, vol. II, Brunner/Mazel, New York, 1991.

COHN, D.A. "Child-Mother Attachment of Six-Year-Olds and Social Competence at School", in Child Development, nº 61, 1990.

DONLEY, M.G. "Attachment and the Emotional Unit", in *Family Process*, nº 32, 3-20, 1983.

DUNN, J. e MCGUIRE, S. "Sibling and Peer-Relationships in Chilhood", in *Journal of Child Psychology and Psychiatry*, 33, nº 1, 67-105, 1992.

FERREIRA, M.C.R. *Mãe & Criança - Separação e Reencontro.* Edicon, São Paulo, 1986.

GROSSMANN, K.; FREMMER-BOMBIK, E.; RUDOLPH, J., e GROSSMANN, K.E. "Maternal Attachment Representations as Related to Patterns of Infant-Mother Attachment and Maternal Care During the First Year", in HINDE, R.A. e STEVENSON-HINDE, J. (eds.) *Relationships within Mutual Influences.* Clarendon Press, Oxford, 1986.

ISABELLA, R.A. "Origins of Attachment: Maternal Interactive Behavior Across the First Year", in *Child Development*, 64, 605-621, 1993.

JUNG, C.G. *Analytical Psychology and Education.* C.W.17, Princeton University Press, 1924.

— *Introduction to Wickess Analyse Der Kinderssele.* C.W.17, Princeton University Press, 1931.

KOBAK, R.R.; COLE, H.E.; FERENZ-GILLIES, R. e FLEMING, W.S. "Attachment and Emotion Regulation During Mother-Teen Problem Solving: A Control Theory Analysis", in *Child Development*, 64, 231-245, 1993.

MAIN, M.; KAPLAN, K. e CASSIDY, J. "Security in Infancy, Chilhood and Adulthood: A Move to the Level of Representation" in BRETHERTON, I. e WATERS, J. (eds.) "Growing Points of Attachment Theory and Research". Monographis of the society for Reasearch, in *Child Development*, 50; 1-2 serial 209), 66-104, 1985.

MAIN, M. e WESTON, D.R. "Avoidance of the Attachment Figure in Infancy: Descriptions and Interpretations", in PARKES, C.M. e STEVENSON-HINDE, J. (eds.) *The Place of Attachment in Human Behavior*, Basic Books, New York, 1982.

MATAS, L.; AREND, R.A.; SROUFE, L.A. "Continuity and Adaptation in the Second Year: The Relationships Between Quality of Attachment and Later Competence", *Child Development*, 49, 547-556, 1978.

MINUCHIN, S. "The Seductions of Constructivism", in *Networker*, Set./Out, 1991.

MONTORO, G. "Attachment Behavior and Birth Order". Tese de mestrado - Southern Connectitut State University, New Haven, EUA, 1973.

— "Como Entender a Família Problemática", in *Psicologia Atual*, nº 23, ano V, 1982a.

— "Vínculo Mãe-Filho e a Capacidade de Amar", in *Psicologia Atual*, nº 26, ano V, 1982b.

— "Teoria de Defesa de Bowlby e Psicodrama", in *Revista da FEBRAP*, nº 1, ano V, 1983a.

— "As Origens do Medo", in *Psicologia Atual*, nº 30, ano VI, 1983b.

SCHAFFER, H.R. e EMERSON, P.E. "The Development of Social Attachments in Infancy", in SLUCKIN, W. (ed.) *Early Learning and Early Experience*. Penguin Books Ltd. Middlesex, England, 1971.

SROUFE, L.A. "Infant - Caregiver Attachment and Patterns of

Adaptation in Preschool: The Roots of Maladaptation and Competence" in PERMUTTER, M. (ed.), Minnesota Symposium, in *Child Psychology*, vol. 16, 41-81, Erlbaum, Hillsdale-NJ, 1983.

— "Attachment Classification from the Perspective or Infant-Caregiver Relationships and Infant Temperament", in *Child Development*, 56, 1-14, 1985.

SROUFE, L.A. e FLEESON, J. "The Coherence of Family Relationships", in HINDE, R.A e STEVENSON-HINDE, J. (eds.) *Relationships Whithin Families: Mutual Influences*, 27-47, Clarendon Press, Oxford, 1988.

VAN IJZENDOORN, M.H. e KROONENBERG, P.M. "Cross Cultural Patterns of Attachment: A Meta-Analysis of the Strange Situation", in *Child Development*, 59, 147-156, 1988.

TERAPIA FAMILIAR NA INFÂNCIA CRISE DO CICLO VITAL E AUTISMO

Moisés Groisman
Monica de Vicq Lobo

A família constitui uma das instituições mais sólidas da sociedade. É o lugar onde nascem e se desenvolvem os seres humanos, conferindo a eles um suporte emocional, econômico e geográfico que possibilite seu desenvolvimento e sua inserção sociais. À medida que vão constituindo sua própria identidade, tingida pela identidade familiar, vão se desprendendo da família original para vir a estabelecer, um dia, sua família nuclear.

A família funciona como um sistema no qual cada um de seus membros exerce determinada função, alimentados e retroalimentados permanentemente entre si, configurando uma estrutura relacional (31). É coerente depreendermos que qualquer movimento que implique a mudança de qualquer uma das peças deste sistema provoque um desequilíbrio transitório até que ele encontre uma nova forma de equilíbrio. Este desequilíbrio configura uma crise que obriga o sistema a viver um estado de desorganização até alcançar um novo nível organizacional.

A família tem um ciclo vital, que compreende e engloba as transformações do indivíduo, desde o nascimento até a morte. Dependendo do estágio de desenvolvimento que a família estiver atravessando, a necessidade de mudanças na sua estrutura provocará abalos que se traduzirão em crises de maior ou menor proporção. O conceito de crise aqui utilizado está ligado ao estabelecido por Erikson (12) em relação ao desenvolvimento da personalidade do indivíduo como uma sucessão de fases diferenciadas, que ele denominou de crises evolutivas, e ao de Caplan (9), que entendia a crise como um período transicional que representaria tanto uma oportunidade para o desenvolvimento da personalidade como o perigo de uma maior vulnerabilidade ao transtorno mental.

Considerando que o ponto zero de uma família é o momento em que ela se forma, o nascimento do primeiro filho daquele casal é o ponto de partida de seu ciclo vital. Este primeiro momento, além de inaugurar o ciclo vital desta família, altera também o ciclo das famílias dos respectivos cônjuges. Dentro dessa perspectiva, instala-se uma crise no agora sistema trigeracional.

O disparador ou ponto de partida dessa crise é o filho, que instala não só a família nuclear, mas também as respectivas famílias de origem do novo casal, agora pai e mãe.

Neste trabalho, pretendemos abordar a crise evolutiva que este filho provoca, sua repercussão, a reação do sistema em absorvê-la, ultrapassá-la ou paralisar-se, produzindo patologias evidenciadas por meio da criança, que foi quem gerou todo o movimento.

Através de uma consultoria a uma família com uma criança autista, que expressa, a nosso ver, a extrema dificuldade do sistema em adotar um novo tipo de organização, ressaltaremos a importância do atendimento familiar conjunto. Ao mesmo tempo, abordaremos aspectos técnicos específicos à terapia familiar na infância, assim como o papel do terapeuta e da equipe terapêutica.

NASCE UMA FAMÍLIA
A CRIANÇA COMO UM SINTOMA

Família é um sistema social formado por indivíduos relacionados entre si por lealdades e afeições recíprocas. Os membros são incluídos através de nascimentos, adoções e casamentos e excluídos somente por morte (5). Através da interação e do relacionamento entre seus membros, a família busca a sobrevivência e o desenvolvimento de seus componentes. Sua organização tem como objetivo atender às necessidades de todos os seus membros.

Quando nasce o primeiro filho, inaugura-se a família nuclear. O que era casal transforma-se em família e às funções de marido e mulher, filho e filha são agregadas as de pai e mãe. Os que eram pais e mães dos respectivos filhos, os cônjuges, transformaram-se em avós e em duas novas famílias, as famílias de origem de cada um dos filhos.

Todos passam a acumular novas identidades e enfrentam o desafio de comporem uma nova forma de equilíbrio entre as diferentes funções, de modo que não percam as originais.

Como vemos, ocorre uma revolução no sistema com repercussão em todos os seus integrantes, ampliando-o no sentido longitudinal, a família de origem, e transversal, a família nuclear, estabelecendo a rede trigeracional.

O filho é o disparador dessa revolução, dessa crise de crescimento que possibilita a formação de novas organizações familiares. Pela interseção que representa, torna-se o ponto de convergência das três novas famílias.

Utilizando o conceito de que toda família para crescer precisa atravessar crises a fim de alcançar novos níveis organizacionais (8) e de que o sintoma é a expressão da crise subjacente (10), concluiríamos que o nascimento do filho é o primeiro sintoma que acomete uma família. Este sintoma se expressa através da crise de choro, que não é exclusiva do filho que está nascendo. Ele é o bode expiatório de outros nascimentos. Ao nascer, ao mesmo tempo que traz a alegria do renascimento, paradoxalmente traz também a tristeza da perda de identidades anteriores, remetendo todos à realidade do processo de envelhecimento e da morte. Torna-se assim natural que ao surgirem sintomas, no sentido lato do termo, eles se façam através do filho que é, como vimos, o personagem que acelera a engrenagem familiar.

Podemos observar também que os sintomas da crise familiar geralmente continuam a se manifestar através do filho, dependendo do momento do ciclo vital que a família está atravessando (infância, adolescência).

O nascimento do filho é um sinal de alarme da nova família. Alarme que marca a passagem do tempo na família, sinalizando que as famílias nuclear e de origem estão precisando sofrer algum tipo de reorganização.

O fato de nos referirmos ao primeiro filho como disparador da crise não significa que os filhos subseqüentes não venham a apresentar sintomas da necessidade de reorganização familiar.

Dependendo da história familiar geracional, das lealdades envolvidas (5, 28), da missão familiar designada a cada um dos filhos (10, 28) e da posição que eles ocupam na família nuclear (6, 29) com as conseqüentes triangulações inter e intrageracionais (3, 6, 15, 16, 19), poderão apresentar patologias mais ou menos graves, dependendo do grau de rigidez dos triângulos estabelecidos (2).

Podemos observar a rica, apaixonante e, ao mesmo tempo, extrema complexidade de situar o indivíduo no seu contexto familiar. Acompanhando este desenvolvimento desde a formação da nova família, vamos compondo as peças de um quebra-cabeça que vai se construindo, desconstruindo e reconstituindo no decorrer da história familiar.

Quando nasce uma família, para que ela se organize, e as novas famílias de origem se reorganizem, há necessidade de que se estabeleçam os chamados limites ou fronteiras geracionais (21). O primeiro limite é dado pelo filho que nomeia o pai, a mãe, os avós. A partir desse momento, cada um dos envolvidos neste processo, de acordo com a sua função e na sua respectiva família, necessita exercer sua nova identidade e paulatinamente estabelecer as novas fronteiras entre uma família e outra.

A possibilidade de caracterização maior ou menor das novas

identidades familiares está vinculada ao grau de mobilidade dos triângulos existentes entre o casal e suas respectivas famílias de origem, assim como dos novos triângulos que surgem com o nascimento do primeiro filho (3, 10, 14, 16).

Como afirma Jack O. Bradt (7), com a chegada dos filhos todos os membros da família existente dão um passo à frente no sistema relacional: de sobrinhos a primos, de irmãos a tios, de pais a avós, de casal a pais. Desta dialética entre o relacionamento de pares e não pares surge um grande número de triangulações, além de triangulações cruzadas entre as diferentes famílias que compõem a rede extensiva do sistema familiar (10, 16).

Caso essas movimentações não aconteçam num determinado grau, um dos filhos poderá, em um momento de passagem do ciclo vital familiar, apresentar uma patologia como expressão da ausência ou diminuição de limites geracionais. A falta de mobilidade relacional se expressa através da rigidificação das triangulações existentes na família de origem e/ou do deslocamento dessas triangulações para a família nuclear, numa repetição de antigos padrões. O filho, nesses casos, poderia ficar exercendo o papel de avô ou avó em relação aos pais (2, 14).

Como vemos, e como assinala Brada (7), a questão da criança enquanto foco da situação familiar antecede seu nascimento, que, ao ocorrer, tenciona ou amplifica o processo familiar. O fracasso da criança no seu desenvolvimento estabiliza a família e, paradoxalmente, denuncia sua imobilidade. Ao mesmo tempo, é o canal que possibilita sua transformação podendo favorecer a busca de auxílio terapêutico e a disponibilidade para reformulações na sua organização.

A FAMÍLIA NA INFÂNCIA
O INÍCIO DO CICLO VITAL

Quando se inaugura a família, concomitantemente começa seu ciclo vital, ou seja, a infância, a adolescência, a vida adulta, a velhice e a morte daquela família. É o tempo de a família atravessar cada uma dessas fases correspondentes ao crescimento e desenvolvimento dos filhos.

Quando os filhos constituem suas famílias nucleares e seus pais morrem, morre também a família original. Como assinala Zilback (33), o último estágio do desenvolvimento familiar inicia-se com a morte de um dos cônjuges e termina com a morte do outro. A família dos irmãos, que consiste nos filhos deste casal nuclear, continua até a morte do último irmão. Neste ponto, a unidade familiar chega ao fim. Mas a história familiar, os mitos e as tradições que foram construídos nesta geração continuam a existir e a se expandir através das novas unidades que foram criadas no decurso da vida familiar.

O processo de constituição da família nuclear implica uma articulação entre avós, pais e filho(s), articulação esta que vai dando o tom àquela família de acordo com o momento de vida que estão atravessando. Essa música que vai sendo composta, com trilhas sonoras diferenciadas, recebe influência das experiências vividas pelos pais em suas respectivas famílias de origem durante os períodos da infância, adolescência e parte da vida adulta.

Dessa forma, os pais reproduzem na família nuclear, no relacionamento com os filhos, através de um processo de projeção parcial, semelhante ou diferente (reativo), seus padrões de relacionamento anteriores com suas famílias de origem (6). Os filhos, por sua vez, de acordo com a sua missão (10, 28) e posição de nascimento (29), exercerão determinadas funções em relação aos pais, irmãos e avós.

Como podemos perceber, esta música que está sendo composta pela família nuclear não é totalmente original, uma vez que recebe influência direta das gerações anteriores, do entrecruzamento de composições anteriores. A nova composição, criada pela família nuclear, será mais ou menos original, de acordo com o grau de diferenciação dos pais em relação às suas famílias de origem e, conseqüentemente, com limites geracionais estabelecidos que evitarão um maior comprometimento dos netos nas histórias geracionais.

A transformação de filhos em pai e mãe, sem deixarem de ser filhos, e dos pais e mães em avós e avôs é extremamente difícil e dolorosa e compreende um processo lento e gradual, concomitante em ambas as famílias, de modificação das funções de seus componentes. Esta modificação está intimamente conectada às possibilidades de separação dos membros do sistema, abrindo mão de posições conhecidas e se lançando na busca de novas perspectivas para suas vidas. Assim, a própria família cria um paradoxo para o indivíduo: ao mesmo tempo que desenvolve um espaço para seu crescimento, pressiona-o na direção de abrir mão desta segurança para poder criar seu próprio espaço e, assim, um dia, construir sua própria família.

Este processo de separação ou diferenciação dos membros componentes de uma família, também chamado de individualização, foi descrito por Bowen (6), que criou inclusive uma escala de graus de diferenciação do *self*, referindo-se às possibilidades de o ser humano se individualizar do que ele denominou massa de ego familiar.

Toda questão da individualização que implica um processo de separação relacional entre os seres humanos remete à questão da vida e da morte. Desta dialética, constante na vida de todos nós, resultará um maior ou menor grau de individualização. Se conseguirmos suportar as pequenas mortes e separações que acontecem durante o ciclo evolutivo individual e familiar, estaremos nos preparando para as inevitáveis separações inerentes à condição humana, abrindo caminho para novas descobertas e para um maior movimento individual. Mas, por outro lado, se tentarmos perseguir um caminho de individualização excessiva, mais individualista do que individualizador, estaremos caminhando precocemente para a morte e não atravessando todas as etapas do longo processo vital. É a outra face de uma mesma moeda.

Dessa forma, o processo de diferenciação do indivíduo, que se inicia com o seu nascimento e termina com a sua morte, ocorre no movimento relacional com sua família de origem e se reflete na sua família nuclear, em idas e vindas constantes e consecutivas.

O filho, fonte constante de reinvestimento afetivo de toda a família, com o seu nascimento remete todos à realidade do processo de envelhecimento e morte. Por outro lado, possibilita que todos busquem, através dele, preencher o vazio da separação criado com o nascimento da nova família.

Esta função homeostática exercida pelo filho, dependendo do grau de sua intensidade, poderá resultar no aparecimento de patologia na criança. Ao fazer um sintoma, a criança abre mão do seu processo de crescimento em função da estabilização familiar, cristalizando a família no tempo de modo a evitar o confronto vida e morte: o crescimento da família nuclear e o envelhecimento e morte das famílias de origem.

PSICOSE NA INFÂNCIA
AUTISMO

A psicose é o grau máximo de parada no desenvolvimento de uma criança. Se considerarmos que este estancamento é a metáfora da dificuldade da família em se desenvolver ou constituir sua identidade enquanto família nuclear, concluíremos que esta família está tão indiferenciada em relação a sua família de origem quanto seu filho em relação a eles próprios.

A criança, através de seu sintoma, fala por si e por seus pais, devendo o sintoma ser entendido na sua função, no contexto e para o contexto. Com a sua patologia, ela tenta evitar a eclosão da crise subseqüente à formação da terceira geração. Assim, torna-se, por um lado, forte e poderosa, protegendo seus pais e avós de se depararem com o drama da separação e, por outro, frágil e dependente, dando a sua família a função de cuidá-la e protegê-la.

O aparecimento do sintoma neste momento do ciclo vital depende basicamente dos seguintes aspectos complementares entre si: o grau de diferenciação entre as famílias nuclear e de origem (6) ou de como os pais se autorizam e são autorizados a assumirem sua autoridade de pais e a se constituírem enquanto família nuclear; o grau de coesão e intimidade do subsistema casal em relação ao subsistema parental e o balanceamento existente entre estes dois subsistemas (7); a flexibilidade nas triangulações entre as famílias de origem e nuclear e as novas funções que cada um pode experimentar sem perder seu nível de hierarquia (21).

A questão da etiologia da psicose, com sua correspondente terapêutica, e da psicose infantil, com uma de suas manifestações, o autismo, como toda patologia grave, é complexa e desafiadora porque implica diferentes vertentes e teorias (biológicas, individuais, familiares, genéticas etc.), cada uma tentando advogar para si a explicação e solução do fenômeno. Desenvolveremos nosso pensamento através da óptica da teoria familiar sistêmica, onde a criança é entendida no seu contexto trigeracional, influenciando e sendo influenciada pelo sistema.

O autismo, entidade descrita pela primeira vez por Kanner (17) com o nome de autismo infantil precoce, que se manifestava em crianças antes de um ano de idade, tem um quadro clínico que pode simular debilidade mental profunda ou deficiência auditiva.

Colocando esta criança autista no seu contexto familiar, percebemos que ela é uma metáfora da indiferenciação familiar. Ao não se desenvolver emocionalmente, ela faz a doação de si mesma para a sua família, tornando-se *nós* no lugar do *eu*. A família nuclear, por sua vez, ao não se constituir enquanto tal, permanece também como *nós* em relação às respectivas famílias de origem, deixando de estabelecer o *eu* da família nuclear.

Acreditamos que o autismo expõe de forma dramática, em grau acentuado, toda a dificuldade de separação entre filho-pais-avós, no duplo sentido, e a conseqüente organização da família nuclear e das famílias de origem.

Nesse processo de doação recíproca, todos permanecem num estado de fusão acentuado. Se a família nuclear não se organiza, o seu ciclo vital evolutivo fica magicamente paralisado, permanecendo restrito a duas gerações, dos pais e dos filhos, sem a passagem a avós e pais, respectivamente. O neto, paciente referido, incorpora-se à família de origem de um dos pais, tornando-se filho dos avós e irmão dos pais.

O paciente referido situa-se como ponto de junção com as famílias originais, puxando-as para trás. Apesar de sabermos que as famílias evoluem circularmente, retornando ao passado e acrescentando o presente, no caso de pacientes psicóticos, a curva familiar inclina-se mais para o passado, como se todos retrocedessem no tempo. Novamente o dilema da vida e da morte, paradoxalmente morrendo para continuarem vivos.

As novas famílias nuclear e de origem tentam, através do filho e do neto comprometido, não passar pelo processo de aprendizagem de uma nova vida. Assim, não só o paciente identificado permanece literalmente analfabeto, mas, metaforicamente, também toda a família que está ao seu redor.

O filho, por sua vez, não é mera vítima do sistema, mas, como afirma Palazolli (27), participante ativo e estratégico do jogo familiar. Torna-se um personagem importante ao paralisar o tempo. Usufrui do lucro paradoxal de não ter de trilhar seu próprio caminho, ao nascer com a missão de evitar o aparecimento da terceira geração. Dessa forma, depende dele a autorização para a movimentação da família, ficando pais e avós submetidos a ele. Sob este enfoque, ao nascer, o filho já é idoso, mais poderoso do que seus pais e avós.

TERAPIA FAMILIAR NA INFÂNCIA POR QUÊ E PARA QUÊ?

Diante do que está sendo desenvolvido, torna-se decorrência natural a importância da avaliação e do atendimento, no contexto familiar, da criança que apresenta distúrbios ou a avaliação global da família que tem uma criança com problemas.

Apesar de considerarmos importante a inclusão da criança sintomática no atendimento familiar, já que ela o provocou, e que seu atendimento individual deixa o terapeuta parcial ou totalmente cego quanto ao entendimento do problema apresentado, ao mesmo tempo que a coloca como única comprometida na história, existem controvérsias a esse respeito, não apenas de outras escolas teóricas, como também dentro do campo da terapia familiar sistêmica. Chasin e White (11) afirmam que, apesar do grande progresso no campo da terapia familiar nos últimos anos, houve proporcionalmente menos atenção ao desenvolvimento de técnicas específicas e orientações práticas para a condução de sessões com toda a família, incluindo crianças pequenas. Os trabalhos de Ackerman (1), Andolfi (3, 4), Minuchin (22), Chasin e White (11) enfatizam a importância da inclusão da criança no atendimento familiar.

Acreditamos que existam inúmeras razões que tornam o atendimento familiar com crianças mais complexo do que os demais. Entre elas, teríamos:

a) a necessidade de aprofundar adequadamente os conhecimentos de psicologia e psicopatologia infantil;

b) o aprender a equilibrar, na sessão, o diálogo com adultos e crianças, uma vez que a criança desobedece a qualquer esquema referencial preconcebido, alternando a linguagem verbal com a linguagem simbólica e corporal, já que enquanto adultos temos a tendência a nos relacionarmos mais facilmente com nossos pares;

c) poder suportar a desordem provocada pelas crianças, diferente da ordem estabelecida pelos adultos;

d) saber ouvir e compreender suas mensagens;

e) sair do lugar geralmente ocupado pelo terapeuta de distanciamento corporal e poder vir ao nível das crianças, sentando no chão, tocando-as e brincando com elas, estimulando seus pais a fazerem o mesmo;

f) servir como espelho para os pais no relacionamento com

o(s) filho(s), ocupando temporariamente seu lugar, sem querer substituí-los ou se mostrar superior a eles, evitando adotar o paciente como filho;

g) lembrar ao terapeuta de ressonâncias que podem surgir na semelhança com o momento de seu ciclo vital e com seu relacionamento com os próprios filhos. Caso o terapeuta não os tenha, procurar evitar idealizações sobre como agir em situações semelhantes;

h) saber enfrentar as repercussões deste encontro na sua matriz familiar (10), que farão o terapeuta rever suas experiências infantis com seus pais, irmãos, tios e avós e entrar em contato direto com seus *handicaps* clínicos conhecidos e desconhecidos; e

i) ter um consultório equipado para que adultos e crianças possam, num mesmo espaço, transitar no campo da fantasia sem perder o limite da realidade.

TERAPIA E CONSULTORIA FAMILIAR

Enquanto a terapia familiar é um processo que se desenvolve num período breve ou prolongado entre o terapeuta e a família, com ou sem equipe terapêutica, a consultoria é geralmente uma intervenção feita por um especialista estranho ao sistema com o propósito de buscar novos caminhos para um processo que está num impasse. Como assinalam K. Tomm e L. M. Wright (30), o consultor fornece seus *feedbacks* e recomendações à família na presença do terapeuta original, que continuará, posteriormente, a conduzir o caso. A autonomia, a dignidade e a autoridade do terapeuta são preservadas (20). Além do aspecto terapêutico, a consultoria, como afirmam F. Kaslow e E. Nielsen (18, 24), representa um poderoso instrumento de ensino, aprendizagem e de educação continuada, que capacitará ao clínico permanecer atualizado com os mais recentes desenvolvimentos no campo da terapia familiar.

No exemplo clínico *Fala Frederico* (25), que ilustrará a tese exposta neste trabalho, utilizamos a consultoria de forma peculiar. Devido à gravidade do caso, à disponibilidade da família e dos terapeutas, realizamos a consultoria em duas entrevistas com intervalo de quinze dias e mais uma entrevista, cinco meses depois, para complementar intervenções e fazer o acompanhamento de modificações efetuadas pelo sistema.

Vamos acompanhar, ressaltando as principais intervenções realizadas a partir da escolha do foco terapêutico, o desenvolvimento do processo nas três entrevistas realizadas com as modificações ocorridas no paciente identificado e na sua família.

PRIMEIRA ENTREVISTA

Frederico, o paciente referido, estava em atendimento fonoaudiológico e familiar em regime de co-terapia, cuja dupla era formada por sua fonoaudióloga e uma psicóloga.

Como não falasse na idade adequada, foi levado a um Centro de Audiologia Especializado, fora da sua cidade natal, onde diagnosticaram deficiência auditiva. Estudava numa escola para crianças surdas situada na cidade em que seus avós moravam. Seus pais e irmão menor moravam a duas horas de distância. Por este motivo, Frederico morava com os avós durante a semana e passava os fins de semana com os pais.

A fonoaudióloga procurada para fazer o atendimento não concordou com o diagnóstico de deficiência auditiva. Realizou testes específicos que demonstraram que ele ouvia e passou a suspeitar de transtorno emocional grave que estava comprometendo seu desenvolvimento, sua fala e aprendizagem.

Diante da dúvida diagnóstica e da insistência da família, representada pela mãe, de que fosse tratado como deficiente auditivo, usando aparelho recomendado e freqüentando escola especializada, as terapeutas resolveram pela consultoria.

Com as informações prévias fornecidas pelas terapeutas, o consultor formulou a hipótese diagnóstica de autismo, que veio a ser confirmada, e a hipótese sistêmica de que a família nuclear de Luiza e Cláudio não se havia instalado com o nascimento de Frederico, sendo o seu sintoma uma forma de manutenção da organização familiar original.

Na primeira sessão estão presentes: Frederico, Luiza e Cláudio (seus pais), Bruno (seu irmão) e Ivone e Vitor, os avós maternos com quem ele mora durante a semana. Além do consultor estão presentes no campo as terapeutas que haviam pedido a consultoria. A equipe atrás do espelho é formada por terapeutas de família de graduações diversificadas (psiquiatra, psicanalista, psicopedagogo, fonoaudiólogo e psicólogo), participantes do Curso de Especialização em Terapia Familiar Sistêmica.

A entrevista começa: Bruno se dirige para os brinquedos que estão no chão, Frederico balbucia palavras ininteligíveis e anda pelo espaço terapêutico. Luiza senta-se entre os pais e Cláudio fica sozinho no lado oposto.

A forma de a família se organizar espacialmente é um dos indicadores de sua dinâmica. A posição de Luiza entre seus pais marca seu lugar de filha, levantando a hipótese de que esta função predomina sobre as de mãe e mulher. Cláudio está sozinho, mostrando que o casal não está junto, e que está à espera de alguém que lhe faça companhia. Frederico é o sintoma da desorganização e Bruno parece adequado à situação.

O consultor percebe que qualquer movimentação do sistema só poderia ser feita após ser demonstrado que Frederico não era surdo.

(Moisés) Frederico, você pegou a chupeta do Bruno?

Frederico responde de forma ininteligível. O consultor levanta-se e tira a chupeta de Frederico.

(Moisés) Não estou entendendo nada que você está falando! Se quiser pegar a chupeta, ela está aqui comigo.

Frederico não faz contato e começa a jogar bola.

(Moisés - sentado no chão com as pernas abertas) Acerta aqui dentro, Frederico! *(entre as pernas)*

Frederico continua chutando a bola em outra direção.

Moisés - mostrando a chupeta que havia colocado entre as pernas) Você gosta de jogar bola? Então quero ver você acertar aqui na chupeta.

Frederico chuta a bola para o consultor e, enquanto este pega a bola, num movimento rápido pega a chupeta.

Toda esta cena se passa no círculo formado pelo consultor, as terapeutas e a família. Fica evidente para a família a capacidade auditiva de Frederico.

O consultor procura explorar o foco terapêutico de que a família nuclear não se estabeleceu e que Frederico é o sintoma dessa crise subjacente.

(Moisés) Luiza, você acha que Frederico ficou aborrecido com vocês por algum motivo? Os filhos, às vezes, se aborrecem com os pais!

(Luiza) Eu já pensei nisso, o fato de eu ter deixado ele sozinho com a empregada e sair o dia inteiro para trabalhar. Essa empregada era muito nervosa. Mais tarde descobri que ela deixava ele amarrado no carrinho o dia inteiro vendo televisão, enquanto fazia os serviços da casa. Quando Cláudio chegava à tardinha, saía com Frederico de carro para passear. Apesar de eu ir junto...

Será que no início de suas vidas Luiza e Cláudio estavam

podendo organizar sua família nuclear? Contavam com a aprovação dos pais? Qual a relação entre o momento do ciclo vital de Ivone e Vitor, depois da saída dos filhos de casa e já aposentados, e a dificuldade de Luiza e Cláudio em se constituírem enquanto casal e pais? Qual a função desempenhada por eles nas suas respectivas famílias? Será que interessava a eles abrirem mão destas funções e arcarem com o ônus de uma família? Até onde o comportamento de Frederico desqualificava seus pais?

O consultor vai ampliando as informações sobre o sistema, incluindo a opinião dos avós. A ordem que ele estabelece para começar a perguntar comunica ao sistema a hierarquia e a função de cada um deles. Ao incluir a avó, o faz de forma a colocá-la como consultora.

(Moisés) E você, Ivone? O que você, que já teve quatro filhos, acha de Luiza como mãe? Por que você acha que Frederico tem esse comportamento? Você acha que ela tem medo dele?

(Ivone) Acho que ele faz isso para chamar a atenção da Luiza. Eu já disse isso para ela. Às vezes ele bate nela, grita, e eles não conseguem controlá-lo.

(Moisés) Ele agride aos dois? Então eles têm medo dele. Eu acho que o Frederico parece pai deles.

Frederico, com sua patologia, faz uma aliança com os avós, paralisa o sistema mantendo seus pais no lugar de filhos e seus avós eternamente jovens e potentes. Não precisa crescer nem disputar o lugar com Bruno, já que seus pais e avós falam por ele. Luiza e Cláudio, deixando Frederico com os avós, mantêm o espaço junto aos pais inalterado, sem perder o lugar que antes ocupavam e, de certa maneira, conseguindo superar seus irmãos, que saíram de casa e formaram suas próprias famílias nucleares.

A pergunta continua a ressoar.

Para que Luiza e Cláudio entregaram Frederico aos avós

maternos? Para que Frederico aceitou ser filho de seus avós e estes o receberam?

Frederico começa a brincar com um balanço que estava no chão, movimentando com muita força e fazendo muito barulho. Pais e avós assistem sem nenhuma interferência.

(Moisés) Assim não, Frederico. Assim não pode, vai quebrar o brinquedo.

Frederico parece não ouvir e continua.

(Moisés) Só pode brincar se fizer direito. Você vai brincar direito?

Frederico insiste em brincar da forma anterior.

(Moisés) Agora vou ter de tirar o brinquedo. Você não me obedeceu!

O consultor se levanta e coloca o brinquedo do outro lado da sala. Frederico tenta ir atrás, mas o consultor o impede, segurando-o com firmeza junto ao corpo. Frederico reage, debatendo-se e cuspindo nele.

(Moisés - firme) Não pode cuspir não. Eu não estou cuspindo em você!

Frederico se debate e choraminga. O consultor o mantém preso entre seus braços, na posição anterior, por alguns minutos.

(Moisés) Não estou machucando você. Agora vou te soltar e você vai lá brincar direito.

Frederico sai correndo e recomeça a brincar com força, sorrindo e olhando para o consultor.

(Moisés - levantando-se) Agora você não vai brincar mais!

Tira o balanço do alcance de Frederico, colocando-o no fundo da sala. Ele continua tentando apanhá-lo.

(Moisés) Não pode. Luiza, fale com ele.

(Luiza - com voz mole e desanimada) Não pode, filhinho.

(Moisés) Não, segure ele, Luiza, estou falando sério. Cláudio, fale com ele, fale firme.

(Cláudio - falando com firmeza pela primeira vez na sessão) Chega, Frederico, não pode, sente aqui junto do papai.

Cláudio pega Frederico e coloca-o junto a ele.

Frederico ri no colo de Cláudio.

(Moisés) Ele não acredita que vocês estão dando limites para ele. Luiza, sente-se ali do lado de Cláudio.

Luiza e Cláudio sentam-se lado a lado e por orientação do consultor colocam Frederico entre eles.

(Moisés) Apertem ele, firme, não deixem ele sair. Ele não pode pegar o brinquedo.

Frederico choraminga.

(Moisés) Deixem ele chorar um pouquinho. Não faz mal, não.

Frederico começa a chorar mais forte. O consultor se dirige a ele e, ao mesmo tempo, procura entrelaçar todo o sistema.

(Moisés) Frederico, você não pode pegar o brinquedo. Eu

estou fazendo isso para te ajudar. É para você crescer. Você não pode continuar sendo o bebê do papai, da mamãe, do vovô e da vovó.

Frederico começa a se acalmar. Os avós não esboçam nenhuma reação. Luiza e Cláudio estão juntos segurando Frederico.

(Moisés) Agora podem soltar.

Frederico levanta-se, senta na cadeira do consultor, sozinho. Está ofegante, sem chorar e não insiste mais em pegar o brinquedo.

(Moisés - dando outro brinquedo a Frederico) Vou sair para conversar com a equipe que está atrás do espelho. Você pode brincar com este brinquedo aqui.

Frederico não pega o brinquedo, levanta e senta-se novamente junto aos pais.

Como para o paciente autista a linguagem corporal é uma das mais importantes vias de acesso, o consultor promove o contato corporal, ao mesmo tempo que estabelece limites, como um pai ou uma mãe naquele momento. Para num segundo momento, depois de espelhar este movimento para os pais, passar o comando do filho para eles.

O que foi denominado, por um de nós, como a técnica do aperto, serve também para delimitar o início da família nuclear. Teríamos a seguinte seqüência: Frederico está comprimido entre o pai e a mãe, debate-se para nascer, chora, sai do meio dos pais, senta-se em outro lugar e volta para ficar ao lado da mãe. Vivem corporalmente este momento, em que cada um é colocado na sua respectiva função, transformando-se assim o espaço terapêutico num laboratório onde as mudanças se iniciam a partir da experimentação e vivência, possibilitando que continuem fora dele (10).

Ao final da sessão, depois de o consultor reunir-se com as terapeutas e a equipe, é proposta à família um prescrição que concretize os movimentos alcançados na entrevista: nos fins de semana, quando Frederico ficar com os pais, eles deverão abraçá-lo na hora de dormir, cantando canções de ninar. Se, durante o dia, ele desobedecê-los, deverão repetir o que fizeram na sessão (técnica do aperto).

SEGUNDA ENTREVISTA:

Estão presentes Luiza, Cláudio, Frederico, Bruno, Ivone (avó materna) e Dulce (avó paterna).

Nesta entrevista, o objetivo era complementar os movimentos iniciados anteriormente, ou seja, a estruturação da família nuclear. Para que tal objetivo fosse alcançado, procurou-se fazer a passagem de Frederico da avó materna, enquanto representante da família de origem, para Luiza, tentando liberar também Cláudio de sua mãe, para que ele pudesse sair da função de irmão de Frederico e ocupasse a função de pai.

(Ivone) O Frederico está mais obediente, já pede algumas coisas e, de vez em quando, tem brincado com algumas crianças.

(Moisés - voltando-se para a avó paterna) E o Cláudio, como filho caçula, tinha mais contato com você?

(Dulce) Que nada. Todos os meus filhos são agarrados comigo. Para mim são crianças até hoje.

(Ivone) A senhora esqueceu que eles cresceram.

(Dulce) Ah, não sei, mas quando a Luiza não está em casa, fico atrás dele para ver se ele não quer ir dormir lá em casa.

(Moisés) E o seu marido?
(Dulce) Morreu quando Cláudio ainda era pequeno.

(Moisés) Ah! Entendi, ele faz companhia a você. Mas se ele fica sendo seu filho pequeno, o Frederico fica sendo seu irmão, ou até mesmo pai dele.

Frederico está no colo de Cláudio, abraçado a ele.

(Moisés) Luiza, chame Frederico para vir no seu colo.

(Luiza) Vem cá meu louro, vem. Vem no colo da mamãe.

Frederico não reage.

(Moisés) Ivone, chame Frederico para vir para o seu colo.

(Ivone - carinhosamente) Frederico, vem aqui no colo da vovó.

Frederico imediatamente sai do colo do pai e dirige-se para o colo da avó, dando-lhe um abraço bem apertado.

(Moisés) Ivone, coloque Frederico no colo da Luiza, dizendo que você gosta muito dele, mas que ele é filho da Luiza.

(Ivone - levantando e colocando Frederico no colo da filha, que está a seu lado) Frederico, vovó gosta muito de você, mas você é filho da Luiza.

Bruno, que estava brincando no chão, vai para o colo do pai. Frederico está no colo da mãe, pouco à vontade.

(Luiza) Filhinho, dá um beijo gostoso na mamãe.

Frederico esquiva-se quando Luiza tenta beijá-lo, começando a choramingar, querendo sair do colo da mãe. O consultor senta-se ao lado de Luiza.

(Moisés) Luiza, diga a ele o quanto você gosta dele.

(Luiza) Mamãe gosta muito de Frederico.

(Moisés) Luiza, abrace ele e diga: eu gosto muito de você, Frederico.

(Luiza - abraçando Frederico) Eu gosto muito de você, Frederico.

Frederico começa a gritar e tenta fugir do colo da mãe. O consultor ajuda Luiza a segurar Frederico e a incentiva a mantê-lo no colo.

(Moisés - dirigindo-se à avó materna) Ivone, repete para ele que você gosta muito dele mas que ele é filho de Luiza.

Ivone repete as palavras sugeridas pelo consultor. Frederico grita e se debate no colo da mãe.

(Moisés) Luiza, pode soltá-lo.

Frederico se levanta, pára de gritar, dá uma volta pela sala e senta-se espontaneamente no colo da mãe.

(Moisés) Muito bem.

A equipe, através do interfone, diz ao consultor que considerou o movimento realizado entre a avó materna, a mãe e Frederico parcial. Deveria ser complementado incluindo todo o sistema através de uma escultura que simbolizasse concretamente a passagem do ciclo vital e marcasse a inauguração da família nuclear de Luiza, Cláudio, Frederico e Bruno. O consultor pede à equipe que venha à sala de atendimento e realize com a família a sua proposta.

Um dos componentes da equipe coloca Luiza e Cláudio em

pé, frente a frente, segurando Frederico e Bruno no colo, respectivamente. Pede aos pais que se abracem, envolvendo os filhos no abraço. Em seguida, pede aos avós que abracem os pais.

Frederico e Bruno ficam abraçados com os pais, e estes envolvidos pelo abraço dos avós.

A cena é dramática e intensa. Todos ficam emocionados.

(Moisés - dirigindo-se às terapeutas) Acho que vocês deveriam continuar com a família o movimento aqui iniciado da sua estruturação.

A equipe sugere que Frederico deveria morar com os pais e ser matriculado numa escola de crianças normais de sua cidade.

TERCEIRA ENTREVISTA (cinco meses depois)

Solicitada apenas a presença da família nuclear, Luiza, Cláudio, Frederico e Bruno. Pela aparência e pelas roupas, denotam mais alegria do que das vezes anteriores.

Além deles, estão presentes o consultor e a terapeuta Miriane Nogueira.

Frederico está excitado, falando palavras ininteligíveis, andando pela sala. Reconhece o ambiente, e parte desta excitação parece estar ligada a este retorno.

(Moisés) E o Frederico, Cláudio, como está?

(Cláudio) Está indo à escola. A gente sente que ele está gostando. É só chegar a hora e ele vai todo contente. Já tem alguns amiguinhos.

(Luiza) O papai tem notado que ele está falando muito mais palavras: bola, Moisés. Ele repete o que a gente fala.

(Moisés) É assim, Cláudio? Como você vê a participação dele em casa?

(Cláudio) Ele agora não fica mais sentado em frente da televisão, brinca de carrinho...

Frederico procura espontaneamente a mãe. Ela o coloca no colo, sem que ele oponha a menor resistência.

(Moisés - para Miriane) Ele está muito mais próximo da Luiza.

(Luiza) É, agora ele deita comigo na cama. Chega até a dormir comigo.

(Miriane) Olha, há muito tempo que eu não via ele assim como hoje aqui. Ele tem falado muitas coisas. Se eu pergunto da escola, ele fala escola.

(Luiza) É, também tenho observado isso.

(Moisés - para Luiza) Só que ele é tão inteligente, que se mostrar aqui, hoje, que está melhor, vai crescer, e vocês dois, você e o Cláudio, vão ficar cada dia mais juntos. Ele vai deixar de tomar conta da vida de vocês e vai ter de tomar conta da vida dele.

(Luiza) Eu conversei com a Miriane, tudo o que conto para ela que ele está fazendo lá em casa, ele pára de fazer.

O consultor pede a uma das terapeutas que leve as crianças para fora da sala.

(Luiza) Estive pensando algumas coisas esses meses. Realmente, quando deixei a casa da minha mãe, depois de ter ficado quatro meses lá, após o parto do Frederico, fiquei muito insegura. O Cláudio foi nos buscar e quando Frederico chegou ao seu quarto começou a chorar. Ficou um dia inteiro cho-

rando. Minha sogra veio me ajudar, mas pouco adiantou. Eu não sabia o que fazer. O Cláudio havia saído.

(Moisés) Onde você estava, Cláudio?

(Cláudio) Estava na roça, no sítio de um amigo meu.

(Luiza) O quarto do Frederico nem estava pronto.

(Cláudio) É, a gente trouxe o berço dele no carro, mas não deu nem tempo para eu montar.

(Luiza) É, mal você chegou, saiu.

Nesse diálogo evidencia-se a dificuldade de aceitarem as novas funções. Luiza tem saudade dos pais. Cláudio vai procurar o pai morto em algum lugar. Frederico chora a ausência da avó. Frederico chora por todos a separação das famílias de origem.

A dor da separação já se manifesta no casal em plena lua-de-mel. Luiza se confessa decepcionada com o relacionamento sexual desde a lua-de-mel. Cláudio se ressente do relacionamento no momento atual, dizendo que Luiza vai dormir cedo e ele fica vendo televisão.

Ao se casarem, Luiza e Cláudio não conseguiram conciliar as lealdades para com suas famílias de origem às necessidades de novas alianças, aspectos inevitáveis para o novo relacionamento. A coalizão que existe entre Luiza e Ivone, reforçada pelo distanciamento de Vitor e a repetição do mesmo padrão na família de Cláudio, são triangulações rígidas que impossibilitam ao sistema a flexibilidade necessária para se reorganizar nos diferentes momentos do ciclo vital, dificultando que Luiza e Cláudio se separem de seus respectivos pais.

O comprometimento que cada um tem em relação às suas famílias de origem e destas em relação a eles é de tal ordem que prejudica a associação entre eles e seu projeto-família.

A inexistência de fronteiras entre os subsistemas, conseqüência natural da não-separação, leva à ausência de hierarquia e à não-delimitação das funções de cada um dentro do sistema. Os avós continuam pais, e os filhos ficam sendo irmãos dos próprios filhos.

A fala ininteligível de Frederico representa uma metáfora do problema familiar. A ausência de limites entre as famílias nuclear e de origem, a ausência de uma identidade familiar, a ausência de uma linguagem própria, enfim, o autismo da própria família.

A necessidade da família em construir seus limites fazendo a sua história é expressa por Frederico.

Bruno e Frederico voltam à sala. Frederico está mais calmo, senta numa poltrona ao lado do consultor. Bruno choraminga com a chupeta na boca e procura o colo da mãe.

(Cláudio) O Bruno é que está dando mais trabalho agora. Toda noite senta-se na cama e fica chamando "papai"!

(Luiza) Ele está requisitando demais a presença do Cláudio.

(Moisés) Você está muito mais sossegado do que Bruno, Frederico, muito bem. Você cresceu mais do que ele. Meus parabéns!

(Cláudio) Moisés, quando eu disse ao Frederico que viríamos aqui hoje e perguntei o que o doutor vai fazer com você, ele respondeu: "pertar".

(Moisés) Apertar, isso mesmo.

O consultor vira-se para a terapeuta ao mesmo tempo que pega Frederico.

(Moisés) Vamos apertá-lo, Miriane!

Colocam Frederico entre os dois, juntam as poltronas e os

corpos. Abraçam Frederico. Frederico sorri. Sente o calor da nova família.

O PROCESSO TERAPÊUTICO NA INFÂNCIA

Na terapia familiar com crianças consideramos três aspectos de igual importância que se entrelaçam:

1) Intervenções Terapêuticas

Para que elas ocorram, torna-se necessário associar um entendimento teórico da família neste momento do ciclo vital às intervenções práticas e concretas que acontecem no decorrer das sessões.

Acreditamos que a família na infância, mais do que em qualquer outra etapa de seu ciclo, precisa se comunicar pela linguagem analógica. Por esse motivo, é fundamental que o terapeuta possibilite a vivência emocional e corporal necessárias às mudanças que desencadeiem a retomada do seu processo de crescimento.

A partir desse enfoque, iniciamos o trabalho levando em conta os seguintes pontos:

* *Levantamento da hipótese terapêutica:* Com os dados trazidos pela família e/ou pelos profissionais que a encaminharam, o terapeuta (ou o consultor) e a equipe levantam hipóteses que poderão ser confirmadas ou reformuladas no decorrer da terapia.

No caso da família de Frederico, a comprovação do diagnóstico de dificuldade emocional grave e não de deficiência auditiva se faz através da situação concreta entre o consultor de Frederico durante a sessão, marcando não só a possibilidade de audição do paciente referido, mas também sua capacidade de percepção e raciocínio.

A hipótese sistêmica de que a família nuclear de Luiza e

Cláudio não havia se constituído vai sendo demonstrada durante a consultoria, partindo do relacionamento do paciente identificado com os diversos membros da família.

* *Movimentos relacionais do sistema:* A hipótese terapêutica vai se confirmando em consonância com as intervenções realizadas que procuram a reorganização do sistema. Entre elas, destacamos o estabelecimento da hierarquia, a flexibilização das triangulações e o estabelecimento da família nuclear.

— O estabelecimento da hierarquia: Nas famílias com crianças sintomáticas, fica evidente a força que o paciente referido tem principalmente sobre seus pais. Para o estabelecimento da hierarquia, é necessário que o terapeuta autorize explicitamente os pais a tomarem decisões próprias a respeito de seus filhos, metacomunicando sua crença na capacidade deles. Por outro lado, na medida em que o poder está com o paciente identificado, o terapeuta precisa inverter esta situação para que se inicie o movimento no sistema.

O terapeuta age juntando o contato corporal, que é uma das necessidades básicas de crianças, principalmente das crianças com quadro grave como o de Frederico. O terapeuta junta o contato corporal à clareza das regras no espaço terapêutico (não destruir, não bater etc.), dando, ao mesmo tempo, novas possibilidades para a família.

Do ponto de vista sistêmico, esta dança relacional para o estabelecimento da hierarquia implica o movimento concomitante de os avós saírem de cena, deixando a função executiva e assumindo a função consultiva. Enquanto os pais saem da função consultiva em que se encontravam e passam a exercer a função executiva.

Quando Ivone coloca Frederico no colo de Luiza, ela não está apenas autorizando sua filha a ser mãe, mas se ouvindo dizer que sua função não é a de ser mãe de Frederico, mas sim a de ajudar Luiza a exercê-la. Ao mesmo tempo, quando Luiza o segura no colo, ajudada pelo consultor, ela está exercendo e vivendo seu papel de mãe .

— A flexibilidade nas triangulações: Nas famílias com patologia grave, a falta de diferenciação implica a pouca possibilidade de troca de papéis, criando coalizões e impedindo o surgimento de alianças flexíveis e necessárias à adaptação do sistema à evolução do ciclo vital.

A inclusão da geração dos avós no trabalho terapêutico permite o melhor entendimento deste funcionamento (2, 3, 13, 23, 32), enquanto possibilita intervenções no sistema que visem à formação de novas alianças e triangulações.

Quando Ivone interfere no comentário de Dulce em relação ao crescimento dos filhos, traz um novo ponto de vista, uma nova informação de organização que se reflete em todo o sistema.

— O estabelecimento da família nuclear: A partir do desenvolvimento dos aspectos anteriormente descritos, vai se construindo, numa movimentação que envolve todo o sistema, a nova família nuclear e, conseqüentemente, as novas famílias de origem.

No exemplo clínico apresentado, destacamos três movimentos importantes que concretizam este aspecto: o pai e a mãe apertando o filho entre eles, reforçados pela prescrição recomendada; a passagem de Frederico da avó materna para a mãe, seguida da escultura proposta pela equipe que incluiu o restante da família; e a saída concreta dos avós do espaço terapêutico, permanecendo apenas a família nuclear.

2) A Plasticidade do Terapeuta

O transitar entre o mundo das crianças e dos adultos é expresso, na terapia com famílias na infância, pela movimentação plástica e corporal do terapeuta. É fundamental que o terapeuta possa viajar do plano das crianças ao plano dos adultos, e vice-versa. Com essa movimentação, ele estabelece e/ou reativa o canal de comunicação entre adultos e crianças, possibilitando novos posicionamentos, formas de comunicação e atuação dos pais. Ao mesmo tempo, fluidifica seus canais de comunicação com sua matriz familiar infantil, percebendo e retomando o contato com seus *handicaps*.

A evolução no trabalho com a família de Frederico é um exemplo de como, a partir do contato corporal e lúdico, passando pela inclusão dos pais como auxiliares na tarefa de dar limites, o terapeuta envolve e intervém em todo o sistema.

É importante ressaltarmos que, como já foi dito anteriormente, para que isto seja possível é necessário um longo percurso de aprendizado profissional e pessoal na formação do terapeuta familiar.

3) O Papel da Equipe Terapêutica

Dada a versatilidade e complexidade necessárias ao trabalho familiar na infância, é de extrema importância a escolha e a inclusão da equipe terapêutica. Como assinala P. Papp (26), a equipe pode ser utilizada de diferentes maneiras. Neste exemplo, a equipe foi organizada com profissionais em treinamento, que contribuíram não só através de sugestões, feitas pelo interfone, como também com intervenções diretas ao sistema familiar.

A diversidade nas formações básicas da equipe enriquece e amplia a visão do problema, ajudando o terapeuta a não ficar afunilado no seu ponto de vista. Por outro lado, metacomunica à família, na medida da participação ativa da equipe, que não existe um único detentor do poder e do saber, mas que este é compartilhado entre todos os que a atendem, que podem concordar ou divergir, convivendo com diferenças e permitindo mudanças. Além disso, amplia o espaço terapêutico, rompendo o limite do espelho unidirecional, permitindo que haja uma rotatividade entre os terapeutas de campo e os membros da equipe.

Esta atuação na dinâmica das sessões marca o reforçamento do trabalho de equipe e, principalmente, demonstra em alguns momentos que sua ação junto à família pode ser mais eficaz do que a mensagem transmitida pelo interfone aos terapeutas de campo.

CONCLUSÃO

Procuramos abordar neste trabalho o entendimento da psicose infantil, mais especificamente do autismo, a partir da organização e do funcionamento familiar.

Defendemos a tese de que a criança autista expressa a metáfora deste funcionamento, na medida em que ela é o desencadeador e, ao mesmo tempo, representante da crise familiar na passagem do ciclo vital. Acreditamos que a sua família não conseguiu um grau mínimo de diferenciação para cumprir as suas funções básicas no seu processo de crescimento: constituir-se enquanto família nuclear e possibilitar a seus membros a construção das suas individualidades.

Este funcionamento familiar é expresso pelo paciente identificado, que, com sua patologia, reproduz a forma de a família estar no mundo.

A consultoria funciona como um novo ponto de vista, para que a família e os terapeutas que a atendem possam aumentar seu repertório e encontrar novas saídas para o impasse em que se encontram.

É ressaltada a utilização ativa da equipe terapêutica e a importância da formação e do desenvolvimento pessoal do terapeuta familiar. O terapeuta, peça fundamental do atendimento, precisa estar equipado de modo que a teoria e a técnica fluam através da sua matriz familiar no encontro emocional que ocorre entre ele e a família.

BIBLIOGRAFIA

1. ACKERMAN, W. N. *Diagnóstico y Tratamiento de las Relaciones Familiares.* Buenos Aires, Ed. Hormé, 1961.
2. ANDOLFI, M. e colab. *Por Trás da Máscara Familiar.* Porto Alegre, Ed. Artes Médicas, 1984.
3. — e Angelo, C. *Tempo e Mito em Psicoterapia Familiar.* Porto Alegre, Ed. Artes Médicas, 1988.
4. — *A Terapia Familiar.* Portugal, Ed. Vega, 1981.
5. BOSZORMENY-NAGY, I. e Spark, G. *Lealdades Invisibles.* Buenos Aires, Amorrortu Edit., 1983.
6. BOWEN, M. *Family Therapy in Clinical Practice.* New York, Jason Aronson, Inc., 1978.
7. BRADT, O. J. *Becoming Parents: Families With Young Children.* In Carter, B. e McGoldrick, M. *The* Changing Family Life Cycle. 2ª edição, Massachusetts, Ally and Bacon, 1989.
8. CARTER, B e MCGOLDRICK, M. *The Chanching Family Life Cycle.* 2ª edição, Massachusetts, Ally and Bacon, 1989.
9. CAPLAN, G. *Principíos de Psiquiatria Preventiva.* Buenos Aires Edit. Paidós, 1966.
10. CAVOUR, R. e GROISMAN, M. *Terapia Familiar Sistêmica na Adolescência.* In Groisman, M. e Kusnetzoff, C. J. *Adolescência e Saúde Mental, Sexualidade e Família.* 2ª edição, Porto Alegre, Ed. Artes Médicas, 1994.
11. CHASIN, R. e WHITE, B. T. *The Child in Family Therapy: Guildelines for Active Engagement Across the Age Span.* In COMBRICK-GRAHAM, L. *Children in Family Contexts.* New York, The Guilford, 1989.
12. ERIKSON, E. H."Indentity and the Life Cycle". Phychol.

Issues Monogr., Nº 1, New York, International Universities Press, 1959.

13. FRAMO, L. J. *Family - of - Origin Therapy: an Intergenerational Approach.* New York, Brunner/Mazel Publisher, 1992.
14. GROISMAN, M. *Família, Trama e Terapia - A Responsabilidade Repartida.* Rio de janeiro, Ed. Objetiva, 1991.
15. HALEY, J. *Terapia no Convencional: Las Técnicas Psiquiatricas de Milton H. Erickson.* Buenos Aires, Amorrortu Ed, 1986.
16. HOFFMAN, L. *Foundations of Family Therapy.* New York, Basic Book Inc., 1981.
17. KANNER, L. *Psiquiatra Infantil.* Buenos Aires, Paidós Edit., 1986.
18. KASLOW, W. F. *Supervison and Training: Models, Dilemmas and Challenges.* New York, The Haworth Press, 1986.
19. KERR, M. e BOWEN, M. *Family Evaluation.* New York, W. W. Norton & Co., 1988.
20. LOEWNSTEIN, F. S., REDER, P. e CLARK, A. *The Consumers Response: Trainess Discussion of the Experience of Live Supervision.* In Whiffen e Bying-Hall, J. *Family Therapy Supervision.* London, Academic Press, 1982.
21. MINUCHIN, S. *Famílias, Funcionamento e Tratamento.* Porto Alegre, Ed. Artes Médicas, 1988.
22. — e FISHMAN, H. C. *Técnicas de Terapia Familiar.* Barcelona-Buenos Aires, Ediciones Paidós, 1984.
23. NEIL, R. J. Kniskern, P. D. *Da Psique ao Sistema: A Evolução da Terapia de Carl Whitaker.* Porto Alegre, Ed. Artes Médicas, 1990.
24. NIELSEN, E. e KASLOW, F. "Consultation in Family Therapy". American Journal of Family Therapy, vol. 8, nº 4, Brunner/Mazel, New York, 1980.
25. Núcleo-Pesquisas (produção) - Fala Frederico, Vídeo, Rio de Janeiro, 1992.
26. PAPP, P. O Porcesso de Mudança: *Uma Abordagem Prática*

à Terapia Sistêmica da Família. Porto Alegre, Ed. Artes Médicas, 1991.

27. SELVINI-PALAZOLLI, M. e colab. *Los Juegos Psicóticos en la Familia*. Buenos Aires, Paidós Edit., 1990.
28. STIERLIN, H. e colab. *Terapia de Familia: La Primera Entrevista*. Barcelona, Gedise Edit., 1981.
29. TOMAN, W. *Family Constellation*. New York, Springer Publishing Co., 1961.
30. TOMM, K. e WRIGTH, L. *Multilevel Training and Supervision in an Outpatient Service* program. In WHIFFEN, R. e BYING-HALL, J. *Family Therapy Supervision*. London, Academic Press, 1982.
31. WATZLAWICK, P., BEAVIN, J. H. e JACKSON, D. *Pragmática da Comunicação Humana*. São Paulo, Ed. Cultrix, 1967.
32. WHITAKER, C. *Midnight Musings of a Family Therapist*. New York, W. W. Norton & Co., 1989.
33. ZILBACH, J. J. *The Family Life Cycle: A Framework for Understanding Children in Family Therapy*. In COMBRICK-GRAHAM, L. *Children in Family Contexts*. New York, The Guilford Press, 1989.

A TERAPIA FAMILIAR, O TERAPEUTA E A DROGA — ADIÇÃO: UMA EXPERIÊNCIA DE CRESCIMENTO

Tai Castilho

Introdução

Muitos anos atrás, ainda era uma adolescente, meu irmão pouco mais velho drogava-se pesado com anfetaminas. Lembro-me de que me apoderei da incumbência de ajudá-lo, sentia que meus pais não eram capazes, que também precisavam de meus cuidados. Um dos primeiros psiquiatras que procuramos, acho que o primeiro psiquiatra que conheci em minha vida (depois vieram muitos outros), achou conveniente iniciar uma terapia no consultório para depois convencer meu irmão a internar-se em uma clínica. Em casa, ele continuava a drogar-se pesado... Quantas noites passamos em claro, tentando ajudá-lo a conter sua dependência. Ele se rebelava, tornava-se violento. Dia-a-dia a família se desintegrava, até que, tomando uma espada que não me pertencia, decidi procurar o psiquiatra-terapeuta. Tinha dezesseis anos, estava triste, angustiada, tinha medo de que meu irmão morresse, medo da violência, medo da dependência. Telefonei, ninguém me deu resposta. Insisti, nada. Aflita, fui até o consultório e me deparei com uma voz impessoal e implacável que ressoava pela sala de espera: "O dr. fulano não atende ninguém da família, isso é uma regra!"

Pouco tempo depois este doutor de tantas regras internou meu irmão com camisa de força, ministrou-lhe choques. Muito revoltado, meu irmão riscou os carros dos médicos da clínica e fugiu. Ele tinha dezessete anos.

Esta experiência me ficou impressa. Algo me dizia que talvez pudesse salvá-lo, quem sabe se o tal do psiquiatra tivesse permitido uma conversa, ou pelo menos conversado com meus pais, algo poderia ter sido feito pela minha família naquele momento difícil de sofrimento. Mas esta é a história do meu irmão, da minha família, a minha história...

Hoje sou terapeuta familiar, e toda vez que me vejo diante de uma família que me procura porque alguém está se drogando, lembro-me que aos dezessete anos se pode fazer muito mais do que aos trinta, e isso me dá forças para acreditar que a terapia familiar é um dos caminhos, entre tantos outros, que pode ajudar uma família na difícil tarefa de viver suas dependências, que muitas vezes são expressas por alguém que se oferece para um sacrifício e inicia a drogar-se..

A TERAPIA FAMILIAR

A discussão que inicia o movimento da terapia familiar nos Estados Unidos, na década de 50, trouxe à luz que os pacientes esquizofrênicos diziam muito sobre as relações da família através da comunicação. E que analisando estes aspectos relacionais, seria possível trabalhar com hipóteses sobre a função que o sintoma teria na família, desenvolvendo assim técnicas e estratégias que ajudariam o sintoma a desaparecer. E que os padrões de comunicação se modificavam na medida em que a família não precisasse do sintoma para expressar suas dificuldades.

Com este enfoque, o grupo de Palo Alto, na Califórnia, enfrentou o pensamento psicanalítico que predominava até os anos quarenta. Observava-se que quando um paciente era atendido com sua família, ocorriam mudanças significativas.

A função do sintoma era vista sobre dois aspectos: o de denúncia de que algo não ia bem e, paradoxalmente, com uma função de manutenção do conjunto das relações disfuncionais, mantendo o equilíbrio que, embora patológico, garantiu que a família não se desintegrasse. Iniciou-se nesta época um modelo de terapia familiar voltado para a cibernética e teoria de sistemas, o modelo relacional sistêmico. Muitos dos pioneiros do movimento sistêmico eram psicanalistas que se empenharam num trabalho de mudança no campo da saúde mental. Contemporaneamente, ciências como a biologia, a matemática, a física e ciências humanas se aproximavam, e uma nova epistemologia nascia. A família passou a ser vista como um agrupamento que compartilha metas comuns e uma história por um tempo prolongado, constituindo-se como unidade funcional regida por normas próprias e repetidas. Pode-se dizer então que a família é um sistema, um organismo cujas características não são redutíveis a um elemento isoladamente. Tem regras específicas, válidas só para aquele sistema. Vive interações cuja causalidade circular define relações que se realimentam num intercâmbio constante com outros sistemas.

O grupo da Califórnia organizou-se então em torno de uma epistemologia fundamentada na teoria de sistemas. A natureza de um problema passou a ser analisada observando os comportamentos dos outros indivíduos que pertenciam ao mesmo conjunto de relações, em um dado contexto. O enfoque sistêmico negava validade a qualquer tentativa de explicar um fenômeno isoladamente. Identificar uma conduta problemática na perspectiva sistêmica — a da interação, realimentação, e da circularidade — não significava apenas sublinhar que o comportamento de um sujeito influi no dos demais, e vice-versa, mas descobrir as regras do jogo sistêmico em ação e buscar uma estratégia de intervenção que interrompesse e modificasse um padrão de relação que se organizou ao redor do comportamento sintomático. Nesta época, a pergunta básica era "Mudar os padrões da interação familiar resultaria numa mudança de comportamento?". O indivíduo deixou de ser o continente da patologia, e a atenção era mais dirigida às contribuições do contexto relacional de onde emergia o problema.

Pesquisadores importantes desta época como Gregory Bateson, Dan Jackson, Paul Watslawky, Virginia Satir, Jay Haley, cujas vozes encontraram ressonância em Carl Whitaker, Murray Bowen e Salvador Minuchin, se empenharam em explorar, com entusiasmo, e cada um a sua maneira, este mundo novo que aflorava no horizonte, a terapia familiar.

Contemporaneamente, o movimento difundia-se na Europa, e pouco mais de uma década depois nasciam centros de terapia familiar de grande importância, como a Escola de Milão e o Instituto de Terapia Familiar de Roma, na Itália, e outros na Bélgica, França, Inglaterra e Escandinávia.

O movimento de terapia familiar foi evoluindo, e com o advento da segunda cibernética ou cibernética de segunda ordem, as escolas foram se diferenciando. Cada uma ampliando seu trabalho de acordo com suas crenças. Da mesma maneira que a família foi se modificando no decorrer dos anos, e na medida que cada vez mais a consciência das relações disfuncionais foi se difundindo, cada família se diferenciava por características próprias a sua história, e estratégias nasciam de cada contexto, onde a história do terapeuta surgia como um instrumento criativo.

O observador das relações, no caso o terapeuta familiar, era também parte do conjunto de relações que observava. Surge então a escola construtivista, onde o terapeuta, com seu estilo e sua história, criava uma nova história com cada família, que por sua vez também tinha sua história recontada numa lógica diferente daquela narrada por tantos anos.

Clínicos famosos como Carl Whitaker, Maurizio Andolfi, Carmine Saccu, Mony Elkaim, só para citar alguns que a mim são mais ressonantes, há muito pensavam que estar com uma família era já uma maneira de o terapeuta compreender a própria experiência, e que, mais que a teoria, aí se encontravam a verdadeira criatividade e liberdade terapêuticas. Junto com Murray Bowen e Ivan Nagy, eles também insistiram na necessidade de uma conceitualização trigeracional da família e na transmissão da cultura familiar.

A DROGA, A FAMÍLIA E O LUGAR DO TERAPEUTA

Minha história como terapeuta familiar nasceu quando eu contava dezesseis anos, no consultório de um psiquiatra. Naquela época, e por muitos anos depois, achava que poderia "tratar" de meu irmão e minha família. Foi na Itália, quando já era mãe de três filhos adolescentes e durante minha formação em terapia familiar, que percebi que minha escolha profissional, ou seja, ser terapeuta de famílias, me ajudaria muito a compreender minha própria história. E hoje, compartilhando histórias de tantas famílias, e recriando a minha, ouço sempre a voz dos meus "pais" e "avós", que na teoria e na prática clínica tanto têm me ajudado.

Ser terapeuta familiar nunca me pareceu uma tarefa simples. A complexidade de um problema dentro de um determinado contexto e numa chave relacional me ensinou que curar uma família é uma tarefa impossível. O processo terapêutico consiste em percorrer caminhos abrindo espaço para o imprevisível e assumir uma responsabilidade contratada com os pacientes em cada caminho trilhado. Ao mesmo tempo, ajudar a cada membro da família a se definir neste contexto de relações, podendo observar individualmente seu caminho e usando sua experiência como fonte criadora para o conhecimento.

Humberto Maturana, continuando a trilha iniciada por Gregory Bateson, nos ensina que a mudança é algo que só pode nascer de nossa experiência. "Tudo é dito pelo observador", diz o epistemólogo chileno. Dessa forma, sempre que enunciamos algo a respeito do que vemos, estamos falando algo sobre nós mesmos.

Isto significa que, em cada família que tratamos, pertencemos a mosaicos diferentes num contexto tecido por nós e cada membro da família, num tear gigante, por cujas mãos, mais ou menos jovens, mais ou menos marcadas, passam fios multicores, carregados de histórias afetivas em que estão presentes tristezas, alegrias, frustrações, decepções, raivas, lutos.

E essas histórias são trigeracionais, regidas por regras cuja estrutura mítica encobre conflitos, sepulta segredos, mascara fantasmas. São pactos, conluios, em nome da não desintegração ou da proteção da família, cujos mitos (os homens não prestam, as mulheres são frágeis, a família unida, o casamento é eterno, os pais têm de se sacrificar pelos filhos, os homens não podem fracassar, são inteligentes, as mulheres nasceram para a maternidade etc.) regem a estrutura de poder transmitida trigeracionalmente.

Assim, nos organizamos enquanto família dentro de um clima emotivo mais ou menos diferenciado de acordo com determinada estrutura mítica.

Todos nós sabemos recontar histórias familiares que ouvimos desde pequenos, sobre um avô poderoso e provedor, uma avó ou mãe que sofreu muito, sobre batalhas pela sobrevivência, sucessos e insucessos nestas batalhas. Mas as histórias cujo conteúdo de sofrimento envolve a dor de uma mãe que perdeu o filho, ou de pais que ficaram órfãos muito cedo, suicídio, alcoolismo, abandonos, violências vêm sempre mascaradas de estruturas narrativas repetidas, estáticas, como que paralisadas num tempo subjetivo da família e de seus membros.

As estantes das livrarias estão cheias de manuais que nos ensinam a amar, a viver em família, a sermos pai, mãe, casal, enfim, como devemos fazer para sermos felizes e adaptados. Mas certamente estes manuais não dão conta de nos ensinar a não sermos dependentes, a viver e crescer com nossas diferenças. E também a crescer com a idéia de que podemos errar, de que errar é humano.

O que ocorre, em geral, é o contrário. Ao errarmos, perdemos a nossa condição de humano, e o erro serve para que sejamos estigmatizados em casa, no trabalho, com os amigos, na escola.

Trabalhar numa epistemologia que nos devolve o direito de errar, que valoriza a experiência de cada indivíduo e seu modo diferente de olhar para um mesmo evento, a peculiaridade de cada caminho para o conhecimento, me ajuda muito e me faz menos dependente de teorias e domínios específicos e antecipados de observação.

Hoje sei que sou uma terapeuta menos rígida, mas alguns critérios que muito me ajudaram no início do meu trabalho ainda mantenho, embora outros tenham sido flexibilizados no decorrer da experiência.

A vivência com famílias mais disfuncionais e rígidas me ensinou:

1) A importância de atender a família inteira na primeira sessão.

   Um dos temas mais complicados em terapia familiar é definir o que faz com que uma família procure terapia. Em geral, o pedido de ajuda vem por intermédio do paciente identificado, o portador explícito da patologia. Mas o porta-voz do pedido de ajuda não é, em geral, o identificado, é sempre alguém solicitando ajuda para um filho, pai, mãe ou irmão. Mesmo quando o telefonema é feito por um membro de um casal, muitas vezes tem um pedido implícito de ajuda a um marido ou uma mulher "doentes". Em suma, alguém sempre solicita ajuda para a parte "doente" da família ou do casal. Por outro lado, os enviantes de uma família muitas vezes não esclarecem que o encaminhamento é feito por entenderem que todos da família necessitam de ajuda. E é compreensível, penso ser muito difícil encaminhar uma família para tratamento, pois nos deparamos sempre com mitos do tipo "quem faz terapia é louco". É também uma tarefa de grande responsabilidade, já que um encaminhamento mal direcionado pode levar ao abandono de todas as terapias, levando ao abandono da família num momento de sofrimento.

   "Começar bem", na minha opinião, significa desde o primeiro telefonema ter este critério muito claro. Dar conta do que vem depois é muito mais trabalhoso, portanto, quando ouvimos ao telefone alguém que nos diz "posso ir sozinho", "meu marido não vai aceitar", "tenho coisas que não posso dizer na frente dos outros", "não vou levar meu outro filho, ele está ótimo, é este que precisa de ajuda", penso que devemos insistir que o encaminhamento deva ser feito para a família, pois todos são importantes. Perante a negativa dos membros da família, muitas vezes sedutora, dizer um "não é possível, não é assim que trabalho" nos coloca num domínio onde nosso lugar hierárquico já se estabelece e uma boa negociação desde o início ajuda, sem dúvida, nas negociações futuras.

2) Definir um problema é uma tarefa importante que se inicia na primeira sessão.
De acordo com Maturana, "para um problema existir, alguém precisa especificá-lo e alguém precisa aceitá-lo... Na verdade, o fato de que uma pessoa deva ser ouvida, e que um problema deva emergir através da afirmação "há um problema" revela uma concordância e um consenso explícitos e implícitos... Através de uma forma peculiar, cada sistema social autoriza certas pessoas a definirem normalidade e anormalidade, saúde ou doença. Em nosso sistema social, esse poder é outorgado a algumas pessoas, mas antes de um problema ser definido e enunciado por alguém, ele não é um problema".
Diz Andolfi: "Cada um se define não apenas pelo que diz, mas também por suas ações, nos objetos e instrumentos que utiliza, na maneira como os utiliza, nas significações que lhes atribui". Todos estes elementos concorrem para a criação de um contexto no qual se desenrolam as interações. Este contexto, por sua vez, contribui para determinar as significações de tudo que é dito e mostrado.

3) Definir o problema é também definir as relações e o contexto:
Ao enunciar o que o problema significa e causa para si e para os outros, os membros da família distinguem um

território perceptivo que vem ao encontro das perguntas do terapeuta. Portanto, fazer perguntas não significa apenas colher informações, mas trilhar domínios territoriais que já fazem parte da história do novo contexto que se inicia, do qual a história do terapeuta também já é parte. Portanto, o problema se define no conjunto das relações e do contexto.

4) Redefinir o problema, as relações e o contexto é preparar o terreno para a mudança desde a primeira sessão.
   A redefinição de um problema no contexto terapêutico cria uma nova história onde estão presentes não só as relações familiares, mas também a relação entre a família e o terapeuta e vice-versa. Embora o problema seja considerado como pertencente a um indivíduo, o comportamento sintomático do paciente passa a pertencer ao novo contexto, cuja realidade relacional mais complexa é regida por uma causalidade circular.
   Redefinir um problema é permitir que ele seja visto sob novo ângulo, desconhecido para a família. Ao redefinirmos o problema o implicamos nas relações familiares, de tal forma que cada um possa definir dentro de si seus compromissos e responsabilidades no modo de a família organizar-se em torno do sintoma.

5) Buscar sempre os recursos da família: Eis uma tarefa que exige do terapeuta treino e formação. Em geral, nós terapeutas temos dificuldades de nos livrarmos de nossos preconceitos, nossas crenças. Muitas vezes tendemos a não discriminar o que de fato é patológico para a família ou para nós, deixando de observar os recursos que a família tem e desconhece. Outras vezes, deixamos de conhecer aspectos importantes do comportamento sintomático por não conseguirmos conversar com a família sobre determinados assuntos. Observar nos observando é um aprendi-

zado difícil na nossa formação como terapeutas familiares. Ao receber um telefonema de alguém que solicita ajuda porque um membro da família está envolvido com drogas, tudo o que foi dito até agora se faz presente. Imagens de muitos filmes que assisti e protagonizei, com os quais aprendi algo de mim, surgem em *flashes* que dirigem minha ação num novo filme que naquele momento se inicia. Muitas perguntas me vêm à cabeça: "que história com a droga tem esta família?, o paciente identificado é adolescente, adulto?, se droga de quê?, há quanto tempo?, o que foi feito por ele?, já foi internado?, quantas vezes?, qual é a ideologia desta família em relação ao problema drogar-se?, e deste terapeuta?".

"A polissemia do sintoma 'droga' nos leva a encarar a toxicomania não somente como a prova do sofrimento psíquico individual e com uma história específica, mas também no quadro das interações rígidas, o sinal de alarme de um sistema familiar disfuncional, sem ignorar o peso dos fatores sociais, econômicos e políticos" (Olivenstein).

Oprimido pelo peso de lealdades trigeracionais, aterrorizado pelas missões impossíveis que lhe são confiadas e atormentado pela exigência de seus impulsos pulsionais, o drogado se pactua com a droga e com a dependência. Longe de favorecer um movimento de autonomia, a droga duplica e reforça a dependência da família, de tal maneira que poderíamos dizer que um drogado não é um droga-dependente, e sim um família-dependente.

A questão da dependência e das dificuldades de individuação de algumas famílias com poder muito centralizado é um dos aspectos mais importantes e intrigantes na minha observação clínica, cuja reflexão se concentra principalmente sobre o tema da função paterna.

Nas famílias com pacientes adolescentes é mais fácil observar grande idealização da figura paterna, estabelecendo-se uma relação amor-ódio, que muitas vezes encobre uma ausência da figura paterna na sua ação diferenciadora, do vínculo envolvente que é relação mãe-filho. Ao mesmo tempo, observo nestas famílias pais muito imaturos, dependentes da estrutura de poder de suas famílias de origem. Muitas vezes desqualificados ou excessivamente protegidos por suas famílias, os pais passam a exercer o poder de forma autoritária, embora muitas vezes de modo não explícito, ou delegam o poder a outrem, mantendo suas posições de filhos. As mães mantêm com o marido a dependência dos seus pais, projetando na figura do marido, ou do pai de seus filhos, a figura de poder que precisam para se sentirem protegidas ou manterem seus estados melancólicos, enfim, que as mantêm casadas com suas famílias de origem.

Os pais assumem uma postura quase que paternalista em relação às mães de seus filhos, e também com eles, através de uma postura mais autoritária e muitas vezes excessivamente permissiva. As mães se mostram submissas, mantendo-se "meninas de boa família debaixo das asas de um pai provedor".

Ao procurarem um terapeuta com a demanda de ajudar seus filhos na tarefa de desvencilharem-se da droga, pai e mãe estão desesperados, quase que pedindo ao terapeuta que carregue seu filho para casa livrando-se de tarefa tão difícil e incômoda. Chegam agarrados a seus mitos, como que dizendo que apesar do que lhes está acontecendo, continuam a ser uma família decente, correta, ainda livre da influência dos vícios da sociedade.

É como se desde o primeiro telefonema nos apresentassem um pacote pronto: "Ajude-nos, mas não mude nada, não suportamos viver sem nossos mitos". Os homens-pais chegam sedutores, as mulheres-mães assustadas e tristes, quase que nos dizendo que se não dermos conta da tarefa de sermos os pais que não conseguem ser para seus filhos, eles vão nos abandonar, colocando-nos na mesma posição de seus filhos.

Estas famílias exigem de nós uma força maior na defesa de nosso lugar de terapeutas, nos trazem uma confusão nos níveis hierárquicos, na qual procuram nos enredar desde o início, e se não estivermos atentos tomam as rédeas da terapia, nos impedindo de ajudá-los. Antecipam o como devemos fazer e paradoxalmente nos pedem receitas de como fazer.

Eu, em geral, assumo diante dessas famílias uma postura mais diretiva, estabelecendo minhas regras para trabalhar com muita firmeza, deixando claro que me responsabilizo pelo meu comando no processo terapêutico. É evidente que isso ocorre com maior ou menor intensidade com cada família e, nas mais rígidas, cuido de não entrar em competição com o poder vigente na família, em geral centralizado na figura paterna.

Tenho me deparado com as dificuldades que a imaturidade emotiva destas famílias traz para o processo terapêutico. No contexto trigeracional, observo que o trabalho terapêutico é complexo, que até esses pais se desvincularem de todas as amarras que têm com suas famílias de origem leva um tempo grande, e que enquanto isso os filhos não podem se manter dependentes, no caso, da droga.

A exigência de atitudes firmes com seus filhos, ou mesmo o sofrimento que o sintoma lhes impõe, ajudam-nos a ocuparem o lugar hierárquico que lhes compete, mas as resistências se acirram, levando freqüentemente ao abandono da terapia.

O comportamento do paciente identificado é uma tentativa de fusionar os que o rodeiam com os aspectos contraditórios da realidade familiar, na sua expressão do conflito entre as tendências à conservação e à ruptura. O sintoma pode ser interpretado como uma metáfora da instabilidade, da fragilidade do sistema. Portanto, não podemos nos esquecer do poder do sintoma drogar-se, e das alianças e coalizões que se organizam em torno dele. Ele é portador da dependência e da fusão, além do emergente aterrorizante que é a morte.

Os sintomas ocorrem com freqüência nas tentativas que o sistema familiar faz ao tentar dar conta de seu ciclo evolutivo. Nos momentos mais difíceis, onde pais e filhos se separam pelas contingências de seus conhecimentos, surgem como soluções impedindo movimentos exogâmicos tão doloridos em famílias mais fusionadas, que vivem em um clima emotivo indiferenciado.

Os filhos, ou o paciente, se oferecem generosamente para

o sacrifício em prol da estabilidade da família, e uma das maneiras de cumprir esta tarefa é começar a drogar-se. Usar drogas é também uma forma de se aproximar dos pais e se separar das mães, embora para isto se utilizem de estratégias de enfrentamento, principalmente diante da figura paterna.

Drogar-se é também uma maneira de proteger as mães do suposto mal que seus maridos lhes fazem no entender de uma criança pequena que, ao tornar-se adolescente se angustia com sua própria necessidade de crescimento, como se crescer significasse abandonar suas mães, causar-lhes muito sofrimento.

As famílias chegam solicitando uma solução ao terapeuta, embora não se desvinculem da solução que já têm em mente. Se o terapeuta à apóia, está apoiando a visão da família sobre o problema, que por si só já faz parte das regras de um sistema familiar disfuncional. Portanto, se aceitamos acriticamente o pedido que nos fazem, estamos aceitando, paradoxalmente, a patologia e a identificação da forma como nos é apresentada.

Uma das maneiras que considero eficaz para o terapeuta responder a esta demanda e formular hipóteses terapêuticas é fazer perguntas que desloquem a percepção do problema para um vértice diferente. Perguntas como "O que vocês já fizeram pelo problema? Onde não funcionou? Como mamãe e papai ficaram quando souberam? A quem incomoda mais o fato de ele ou ela drogar-se? O que aconteceu antes da última recaída? Desde quando ele ou ela começou a drogar-se? O que papai fez? Como mamãe reagiu? Quem mais conhecia o assunto droga na família? Se nada funcionou até agora, o que faz vocês pensarem que a partir de hoje vai funcionar? Como vocês descobriram o problema?".

Em geral, as famílias carregam consigo um contexto judiciário, e é muito difícil desfazer pactos que encobriram por tanto tempo alguém que se drogava. Propor situações novas e tecer com a família um contexto de confiança ajudam muito nesta tarefa, que costumo iniciar na primeira sessão, onde já procuro acolher a família e o paciente sintomático com o carinho necessário para se sentirem mais seguros e assim contarem e ouvirem todas as experiências vividas com a droga.

Diferenciar um drogado mais leve de um mais pesado é extremamente importante, e a verdade é sempre melhor do que as fantasias que fazemos sobre ela.

Tecer um novo contexto, onde a troca contínua de acusações recíprocas vá perdendo sua força, dando lugar a novas etiquetas, ajuda a construir e estabelecer o contexto de confiança.

Perguntas circulares que conectem os comportamentos de todos os membros da família ajudam a deslocar a identificação e os aspectos psiquiátricos aos quais muitas vezes o sistema familiar já se habituou.

Ao redefinir a história da família, a dinâmica interpessoal, os comportamentos de cada um em relação ao problema drogar-se, o terapeuta recusa a delegação e a responsabilização que em geral a família lhe outorga, envolvendo cada um num processo de desintoxicação dos padrões relacionais habituais dos quais se drogaram por tanto tempo, ajudando-os ao mesmo tempo a saírem da passividade que o próprio uso da droga propõe.

BIBLIOGRAFIA

MATURANA, H.; e VARELA F. *The Tree of Knowledge,* Shambala Pub., Boston, 1987.

ANDOLFI, M. *La Famiglia Rigida,* Ed. G. Feltrinelli, Milano, 1982.

MATURANA, H.: MENDEZ, C. E CORDDOU, F. "O Emergir da Patologia", Mimeo, 1988.

OLIVENSTEIN, C. e col. *A Clínica do Toxicômano,* Ed. Artes Médicas, Porto Alegre, 1990.

FILHOS DO DIVÓRCIO

Sandra Fedullo

Certa vez, estávamos atendendo uma família com pais divorciados, no Instituto de Terapia Familiar de São Paulo, e começamos a refletir juntos sobre o tema "filhos do divórcio".

Nossa vivência clínica e pessoal do divórcio nos fazia trabalhar em dois níveis: o da experiência e o das ressonâncias que esta experiência despertava em cada um de nós durante a observação do atendimento à família. Isso nos fazia lembrar experiências anteriores em supervisões com Mony Elkahin* para quem o ponto de encontro mais criativo e transformador era onde se cruzavam as histórias de todas as pessoas envolvidas no sistema terapêutico. E este era também o ponto mais perturbador, mas só a partir daí seria possível construir uma nova realidade, repetindo-se inúmeras vezes as mesmas situações, até que o aprendizado, que antes não era possível, pudesse acontecer.

No encontro de minha história pessoal e clínica com o tema "filhos do divórcio", o ponto mais complexo foi a diferenciação entre o divórcio do casal matrimonial e o divórcio do casal parental.

Por que dizemos que é o mais complexo? Porque o exercício

* Terapeuta familiar, diretor do Instituto de Estudos da Família e dos Sistemas Humanos de Bruxelas. Autor de Si tu m'aimes, ne m'aime pas, Edition Seuil, 1989.

de ser pais contém a história e o aprendizado de ser filhos: os desejos, as satisfações e as frustrações da história de cada um como filho e de cada um em relação a seus próprios pais. No divórcio, a dificuldade de se manter uma sociedade íntima que mobiliza sentimentos tão primitivos com um parceiro destituído da parceira soma-se às outras insatisfações. Talvez seja o único caso que se mantenha sociedade tão íntima com um ex-sócio.

Segundo ponto de extrema dificuldade, para a possibilidade dessa diferenciação, são as projeções recíprocas no casal marital das próprias necessidades como filhos, o que na maior parte das vezes geraram grandes dificuldades já no vínculo conjugal enquanto existia e que serão responsáveis ainda por confusões nas fronteiras pais com filhos e entre pais como par parental.

Um terceiro ponto que está profundamente ligado ao segundo é: como separar um casal que nunca teve autorização para casar?

Parece-nos que a situação mais perturbadora acontece quando o divórcio não pode acontecer porque o casamento não se deu. Ou seja, pessoas que, ao se procurarem para casar, estão, no nível de suas possibilidades, tentando resolver situações dolorosas de sua história parental. É como uma tentativa de aprender o que não puderam, uma tentativa de, vivendo o tempo presente, recuperar e reconstruir o tempo passado.

Ao ocorrer o divórcio, o sentimento de um novo fracasso é extremamente doloroso, e aí se dá a tentativa de paralisar novamente esse tempo, agora através da função parental.

Dessa confusão do tempo — que permite homem e mulher tentarem ser filhos frustrados dos ex-cônjuges e falarem através dos filhos, de suas próprias necessidades — surgem os sintomas mais dolorosos no processo de separação, que geralmente são expressos através dos filhos.

Neste contexto, podemos citar o mito contado por Platão em seu *Banquete,* a respeito da natureza humana e das mudanças por que passou: no início, conta ele, havia três sexos, o masculino, o feminino e o andrógeno — que participava de ambos os sexos. Eram fortes, orgulhosos e provocaram, por essa razão, a ira dos deuses. Zeus, irritado, resolveu cortar um deles em dois e ordenou a Apolo virar o rosto de cada um para o corte, para nunca se esquecerem do ocorrido.

Fendido o físico em dois, cada metade sentia imensa saudade da outra e abraçavam-se com o desejo de se unirem novamente. Com isso, iam morrendo de inanição, pois não se dispunham a fazer nada um sem o outro.

Com pena, Zeus passou-lhes o genitais para a frente para que, ao se procurarem e se abraçarem, macho e fêmea pudessem gerar, preservando a espécie que, de outra forma, se extinguiria.

Parece-nos que esse mito da unidade que o castigo dos deuses rompeu, da ruptura e não da separação, do ataque e não do desenvolvimento, fica presente em muitos processos de divórcio.

O divórcio seria um castigo, um ataque, um desvio, uma doença no ciclo vital de uma família.

Os filhos do divórcio seriam marcados por esse castigo ou essa doença. Seriam aqueles que vivem com o menos, estariam envolvidos no ataque da ruptura e ofereceriam a chance de favorecer os desejos de fusão do casal, que expressariam através das vozes parentais.

É interessante marcar aqui as vozes que um casal usa para se comunicar, quando existe uma confusão nas fronteiras marital e parental: ao se falar ao marido responde o filho (dentro do pai), ao ouvir a mãe ouve a filha (dentro da mãe), ao se falar à mulher responde a filha ou a mãe (dentro da mulher).

Esse jogo de vozes que se complementam aparece para que os vazios das perdas sejam evitados e disfarçados, para que o sofrimento e o luto não sejam vividos como uma possibilidade de crescimento, para se reter o tempo e o desenvolvimento. Está, portanto, a serviço de manter o mito da completude, onde faltas não podem aparecer:

* as faltas parentais da própria história; e

* as faltas que ocorreram das próprias escolhas feitas para que as faltas não aparecessem...

As confusões e tentativas de fusão surgem como uma possibilidade de não viver as angústias dos vazios, sua elaboração e chance de desenvolvimento.

Devemos, portanto, fazer distinção entre os filhos de um processo de separação sentido como parte natural do ciclo vital de uma família dos filhos de um processo de ruptura e abandono do vínculo marital e/ou do vínculo parental.

Nos processos da separação pode-se elaborar perdas, viver os vazios e ampliar a experiência, enquanto nos processos de ruptura o tempo fica paralisado, o vazio é negado e ficam o abandono e o sistema familiar enrijecidos.

No primeiro grupo, o vínculo parental poderá ser protegido, pois com a possibilidade de se escolher o par marital, de se suportar o vazio dessa escolha, de terminarem as próprias projeções filiais sobre o vínculo parental, as fronteiras do sistema serão respeitadas, não havendo confusão de quem é filho, quem é pai, quem cuida, quem tem autoridade; assim, as hierarquias podem ser mantidas, a diferenciação e as fronteiras também, evitando-se o filho em função de triangulação. O vazio da presença dos pais juntos como marido e mulher se torna menos ameaçadora, porque as demais funções familiares são asseguradas.

No segundo grupo, o ciclo vital da família ficará seriamente perturbado não pelo divórcio em si mesmo, mas pela impossibilidade de viver o processo de diferenciação sem o sentimento de castigo e ataque. A ruptura é um golpe ligado à morte; as projeções mais primitivas são intensamente mobilizadas, as fronteiras entre pais e filhos se misturam: quem protege, quem cuida, de onde emanam as normas, quem é criança, quem é adulto, quem é pai, quem é filho. Todos possuem todas as vozes num sistema sem fronteiras e sem hierarquia, pois tentam desesperadamente evitar a percepção dos vazios atuais e os da própria história.

A confusão está a serviço da paralisação do tempo e do espaço, portanto contra a diferenciação e o desenvolvimento.

O homem e a mulher falam com voz de filhos frustrados para o ex-cônjuge, o que impede que ambos possam ser pais dos filhos verdadeiros.

Dessa forma, os filhos desse divórcio ficam abandonados como filhos, órfãos de pais, ou entram numa função parental tornando-se pais dos próprios pais e demais irmãos, para que o vazio dos pais não seja percebido. Dentre outras possibilidades, um dos filhos pode ocupar a função marital para que, com a triangulação, não se sinta a ausência do par conjugal.

Quero relatar algumas experiências clínicas em que o processo de divórcio foi sentido como uma ruptura e não como uma experiência de crescimento da família. Nestes casos, as fronteiras do divórcio marital e parental se misturaram, e os filhos apresentaram sintomas.

PRIMEIRO CASO

Uma mãe me procura pedindo ajuda para seu filho de oito anos que não se separa mais dela, não vai à escola, tem crises terríveis quando é levado até a porta e não permite que ela saia para nenhum lugar; se sai, tem de telefonar de todos os lugares onde se encontra.

A criança, enquanto a mãe fala, olha-me atentamente. Posso observar que é extremamente bonita, atenta a todos os meus movimentos, porém muito magra e se movimenta como se pisasse no ar, não no chão. Me olha intensamente, então pergunto o que ele acha que a mãe sente por ele estar tão grudadinho nela, parecendo um canguruzinho dentro da bolsa de mamãe-canguru. A resposta é de que a mãe só não gosta quando ele não vai à escola. Pela primeira vez o garoto sorri e pergunta-me se sei como é canguru. Eu digo que sim e indago se ele também conhece. Ele responde afirmativamente e diz que vai desenhar um. Pergunto, então, se poderíamos fazer uma família de cangurus com argila.

Indago à mãe qual a sua opinião sobre o filho julgá-la uma mamãe-canguru. Sua resposta é de que nunca pensou no assunto, mas sorri contente e compara-o mesmo a um canguruzinho na bolsa.

Sentamos no chão e começamos a modelar com argila: a criança fazendo um canguruzinho, e eu um canguru-pai.

Iniciamos a conversa:

(terapeuta) Até este momento não falamos no papai-canguru. Onde ele anda?

A mãe conta que estão divorciados há quatro anos, que ele mora em outra cidade, que às vezes vem visitá-los.

(terapeuta) Visitar quem?

(mãe) A mim e ao Eduardinho.

(terapeuta) E quando ele vem visitar vocês, onde ele se hospeda?

(mãe) Em nossa casa.

(terapeuta) E vocês dormem juntos?

(mãe - disfarça e fala baixinho, com gestos, para o filho não perceber) Às vezes.

(terapeuta) Eduardo, você às vezes acha que papai e mamãe também são namorados?

(criança) O papai diz que não, mas a mamãe diz que sim.

(terapeuta) E você, o que pensa?

(criança) Acho que sim.

(terapeuta) O que mais está acontecendo nesta família, além de o Eduardo não querer sair da bolsa da mamãe-canguru e a mamãe-canguru não querer ficar sozinha?

(mãe) Eu tive uma anorexia muito forte, não conseguia comer nada, cheguei a pesar trinta e sete quilos. Agora já estou com trinta e nove; tenho muitos problemas desde que minha mãe morreu e me separei do Álvaro, não me sinto bem.

(terapeuta) Você acha que o Eduardo julga ser a única coisa que a mamãe tem.

Ela fica em silêncio por alguns instantes e responde que ela também pensa assim, pois não é muito ligada nem no pai nem nos irmãos, era ligada na mãe, que morreu. Diz que nunca fez nada sem a mãe. Relata ainda que quando se casou e foi morar em outra cidade, ia sempre ver a mãe, pois ficava deprimida com o distanciamento entre as duas.

Eduardo junta o canguru pai com a mãe, põe o filho na bolsa da mãe e faz mais dois canguruzinhos fora da bolsa, que ele diz ser seus amiguinhos. Fala que quando voltar, em outra sessão, quer pintá-los.

Eu então digo que vamos terminar nosso encontro e que eu achava que o canguruzinho ia poder sair da bolsa e ir para escola e brincar com os amiguinhos quando ele tivesse certeza de que a mamãe-canguru já poderia ficar sozinha sem o papai dele e sem a mamãe dela. E a mamãe-canguru ia poder ficar com a bolsa vazia quando percebesse que tinha um lugar para ela sem ser de filhinha.

Na segunda sessão, chamei o pai, que prontamente veio da outra cidade. Ele falou-me de sua preocupação com o filho, pois estava regredindo e não sabia como ajudar.

Ao ser perguntado se via o filho com freqüência, respondeu-me que era difícil, pois morava distante e não podia tomar avião.

(terapeuta) Você acha que há outras dificuldades que o afastam?

(pai) Sim.

(terapeuta) O que você deixa na outra cidade e o que vem encontrar aqui.

(pai) Deixo meu trabalho, minha casa, minhas coisas...

(mãe - interrompe e diz) E a Nena.

(terapeuta) Quem é a Nena?

(pai) A pessoa com quem moro.

(terapeuta) Sua sócia ou sua mulher?

(pai) As duas coisas.

(terapeuta) E o que você vem encontrar aqui?

(pai) Meu filho e ela.

(terapeuta) O que você pensa que ela acha que é para você?

(pai) Minha mulher. Mas eu não voltarei a casar nem morar junto, é muito difícil. Por mim ficaria sozinho.

(terapeuta) Quer dizer que você tem duas mulheres que querem se casar com você?

Ele ri e concorda.

(terapeuta) E você quer só namorar?

(pai) Sim.

(terapeuta) Qual a sua opinião sobre o que o Eduardo pensa de tudo isso?

(pai) Procuro esconder dele essas confusões.

(terapeuta) Será que às vezes você nem vem vê-lo porque existem muitas confusões com suas duas mulheres?

Fica bravo e pergunta:

(pai) Você pensa que estou casado com duas mulheres?

(terapeuta) Acho que você está evitando se casar com as duas. Você está namorando. Você acha que os dois pensam que se ficarem muito doentes, sem comer, sem ir para a escola, você virá para salvá-los?

(pai) Eu vim muitas vezes, mas detesto ficar.

(terapeuta) Quando você vem visitar seu filho, e quando você vem visitar sua namorada?

(pai) Tudo é sempre junto. Ficamos sempre juntos.

(terapeuta) Será que se você puder visitar seu filho quando quiser, sua namorada quando quiser, os dois vão precisar ficar tão grudados para você vir salvá-los?

Enquanto converso com ele, Eduardo brinca com os cangurus, e mostra para o pai contando a história dos cangurus. Pinta a mãe-canguru quase toda de preto, e o filho também, enquanto o pai tem mais manchas brancas. O menino pergunta se o pai vai casar de novo com a mãe e ele lhe responde que nunca mais vai casar. A mãe, deprimida, afasta-se do sofá.

(terapeuta) Mesmo que o Eduardo entre na bolsa da mamãe e não queira sair e a mamãe ache que ela vai morrer se ficar sozinha?

Ele fica perplexo e quieto.

(terapeuta) Será que Eduardo pensa que pode salvar a mamãe e puxar o papai?

Que supermenino ele é, maior e mais sabido do que o papai e a mamãe juntos!

Será que nessa família, papai e mamãe vão morar, namorar e casar de novo?

Será que o papai pode ser papai do Eduardo mesmo sem casar com a mamãe?

Será que a mamãe pode se sentir forte mesmo sem a mamãe dela e o papai do Eduardo?

Será que o Eduardo pode desgrudar da mamãe sem ela morrer?

Bem, na evolução do caso, fui ajudando a diferenciar a relação parental da marital, fazendo sessões separadas do ex-presente casal marital e sessões conjuntas do par parental com o filho. E sessões separadas da mãe com o filho e do pai com o filho. Organizamos um sistema regular de visitas do pai ao filho, combinadas entre eles, com programas exclusivos, onde a mãe não participava. Estimulamos o casal se definir melhor na relação, assumindo a existência de um par sexual mas não casados. Trabalhamos a situação do casal nas suas famílias de origem, na vinculação marital e o abandono de ambos que levava a mulher a querer entrar na bolsa de canguru do marido, e este, por sua vez, evitava se vincular porque temia que um dia pudesse abandonar.

Após essas sessões, a criança voltou a freqüentar a escola com ótimo aproveitamento e socialização, foi a um acampamento de uma semana com crianças que não conhecia e passou a telefonar livremente para o pai.

Já o pai está mais presente na vida do filho, faz visitas regulares, organiza programas com ele, tem projeto de férias juntos e acompanha a parte escolar através de vários telefonemas. Faz questão de comparecer às sessões de terapia. Além disso, retomou sua tese de doutoramento que havia parado.

Definiu que assim que tiver dinheiro morará em sua cidade sozinho.

A mãe voltou a trabalhar, fez amizades, sai para passear,

engordou quatro quilos. Deseja realmente casar com o ex-marido, mesmo que não seja para viver na mesma casa.

O casal marital está renamorando, porém expressando os desejos pelas próprias vozes e não pela voz parental.

As fronteiras foram restabelecidas, a hierarquia também, a criança saiu da função de salvar a mãe e chamar o pai, e as projeções recíprocas filiais entre o casal cederam a novas possibilidades de contrato como par sexual.

SEGUNDO CASO

Uma mãe procura ajuda por estar muito preocupada com os filhos. Eles estão revoltados com a separação dos pais e as perdas decorrentes disso. São três crianças de doze anos, uma menina, um menino de onze e outro de nove.

No primeiro encontro se mostram ansiosos por uma ajuda, dizem que estão com muita raiva pois o pai não vem vê-los, que ele tem uma namorada que tem quatro filhos e que ele prefere os filhos dela a eles.

A mãe Elisa parece extremamente envelhecida, deprimida, e nesse primeiro encontro a filha Lúcia toma a maior parte das vezes a palavra, dando opiniões e pareceres sobre a situação dos pais, no que é secundada pelo irmão Pedro, que disputa com ela quem sabe mais sobre a situação do casal.

Enquanto isso o filho menor, Cláudio, acaricia todo o tempo a mãe.

O clima é de terem sido traídos e abandonados porque apareceu outra mulher com outros filhos e por isso tomam a defesa de mãe e protegem-na. Não aceitam ir à casa do pai Flávio nem a presença da outra mulher.

Quando os terapeutas dizem que precisam convidar o pai para as sessões, respondem que com certeza ele não virá, portanto, é melhor não convidá-lo.

Os terapeutas assinalam que está doendo por essa mulher não ter o seu marido, e que essas crianças têm saudade do pai, sublinhando que foi o marido da mamãe que encontrou outra mulher e não o papai que encontrou outros filhos. Para as crianças, tudo está muito misturado, difícil e triste.

Os três pedem que uma das crianças convide o pai: não a menina, pois estava numa função de ser ela a mulher do pai, nem o menino mais velho, pois estava em plena competição pelo lugar do pai, mas o menor, que tentava cuidar da tristeza da mãe. Disse que estava disposto a chamar o pai e tinha manifestado maior aceitação da nova vida do pai.

Na sessão seguinte, dizem que o pai aceitou o convite e esperam toda sessão que ele apareça, o que não acontece. Os três trabalham com a cadeira do pai vazia, os sentimentos gerados por essa ausência, as raivas e os ataques e o que essa família faz para expulsar o pai e se sentirem vítimas: crianças se negam a ver a mulher do pai, vão de mau humor aos encontros, chegam atrasadas etc.

Na terceira sessão, o pai chega quinze minutos antes da sessão e espera a chegada dos filhos e da ex-mulher. Eles chegam com trinta minutos de atraso. O pai está furioso com o atraso, as crianças dizem que o pai é muito pontual e sabiam que ele iria esperar.

Trabalha-se que sempre alguém espera, alguém desperdiça o que tem, sempre falta alguma coisa para eles. Quando o pai está, eles não estão; quando eles estão, o pai não está.

O pai passa o tempo criticando o atraso da ex-mulher, sentindo como um ataque. Diz que não quer a terapia de família, quer ajudar os filhos individualmente, que é mais fácil. Está todo o tempo preocupado em não se encontrar com a ex-mulher e isso o impede de estar com os filhos.

Não querem falar com vozes de homem e mulher, falam com vozes de filhos.

Ninguém se aproxima, pois tem uma briga surda entre o casal, de abandono e culpa que não pode ser tocada e que divide os filhos num conflito de lealdades.

Rompe-se as fronteiras e os filhos não chamam o pai, mas o marido que traiu a mulher, e a mulher não chama o pai dos filhos, mas o homem que a traiu, ao mesmo tempo que o sente como um mau filho que abandonou a boa mãe.

Na sessão seguinte, o pai não compareceu. Sua desculpa: havia problemas no trabalho.

Os filhos então tentam separar o que o papai é para os filhos, e o que o Flávio é para Elisa.

O filho mais velho diz que o pai é como um irmão e não como um pai, e a menina confirma. Ambos analisam o casamento dos pais dizendo que a mãe sempre carregou tudo nas costas.

Os terapeutas perguntam: carregou o quê?

Os filhos dizem os irmãos dela, os pais dela e o papai. Ela até dá idéias do que é para o papai fazer de programa conosco, pois ele não sabe.

O filho menor diz que aqui a terapia é boa para a mãe, pois ela pode ficar menos triste.

Os terapeutas dizem que nessa família tem um vice-casal que sabe tudo, que são os dois filhos mais velhos, e se eles podem também ser crianças, brincar e não cuidar só do pai e mãe, pois o Cláudio está pedindo que os terapeutas cuidem da mamãe.

Eles se aconchegam e dizem que sim.

Os terapeutas sugerem que os filhos escrevam uma carta ao pai convidando-o para uma próxima sessão só deles com os filhos, para eles conversarem de ser pai e ser filhos sem a mamãe.

As crianças adoraram e escreveram o bilhete.

A mãe não gostou, dizendo que achava que as crianças não conseguiriam entregar o bilhete sem sua ajuda.

Os terapeutas perguntaram se seria muito difícil ela deixar de carregar o encontro dos filhos com o pai?

Ela sorriu constrangida.

O caminho dos terapeutas nesse caso está sendo uma tentativa de liberar a relação parental do conflito conjugal. A mãe, ao se colocar entre as crianças e o pai, busca não ser abandonada. Ela é caçula de uma família onde foi cuidada por todos, e foi escolher um homem doze anos mais novo que ela talvez para ter a chance de cuidar e adotar alguém.

Fala com ele com a voz da mãe abandonada. Ele fala com

ela com voz de filho adolescente contra a mãe, e parece que para se livrar da mãe precisou casar com outra mulher com quatro filhos, talvez mostrando sua força e virilidade, ou procurando mãe-mulher.

É nítida a fronteira que impõe para não lidar com a relação de homem e mulher com a ex esposa, porém está envolvido pelo conflito com os filhos, onde não sabe exercer a fronteira parental. Ao olhar os filhos, vê a ex-mulher, ao se opor à ex-mulher, abandona os filhos.

Os filhos, para preencher esse vazio de pai e de marido da mãe (ou filho mais velho da mãe), assumem papéis parentais. São o vice-casal, avaliam o marido da mãe, o condenam etc. A filha tenta seduzir o pai para trazê-lo para casa, como se ela fosse a mulher traída.

Indiscriminação de papéis, triangulação, filhos com função parental, todas são tentativas para impedir o vazio do que ficou vazio, criando-se assim outros vazios mais abrangentes.

Esta família vive com o mito da indissolubilidade, do castigo da ruptura, com fantasias de terem sido roubadas e abandonadas, dentro de um conflito doloroso de lealdades.

O trabalho terapêutico tenta, através da elaboração desse luto, retomar o tempo evolutivo dessa família, reconstruir a hierarquia dentro do sistema e auxiliar no processo de diferenciação, para que os filhos possam ser filhos, os pais possam ser pais, e aquela mulher e aquele homem possam retomar seu desenvolvimento sexual e afetivo, saindo da paralisação do tempo.

SOBRE AS AUTORAS

CARMINE SACCU
Neuropsiquiatra infantil, psicanalista e terapeuta familiar; diretor da Scuola Romana di Terapia Familiare.

GILDA FRANCO MONTORO
Psicóloga clínica e psicoterapeuta individual, de casal e de família; mestrado em Psicologia pela Southern Connecticut State University; diretora-presidente do Centro de Estudos e Assistência à Família, SP.

MOISÉS GROISMAN
Psiquiatra, psicanalista, terapeuta familiar, diretor do Núcleo-Pesquisas, RJ. Autor do livro *Família, drama e terapia: a responsabilidade repartida.*

MONICA DE VICQ LOBO
Psicopedagoga, terapeuta familiar, membro da equipe do Núcleo-Pesquisa, RJ.

SANDRA FEDULLO
Assistente social, psicodramatista, terapeuta familiar e membro didata do Instituto de Terapia Familiar de São Paulo.

TAI CASTILHO
Fonoaudióloga e terapeuta de família, formada no Centro de Estudos e Pesquisa em Terapia de Casal e Família (Roma); e membro didata do Instituto de Terapia Familiar de São Paulo.